사랑을 무던히 노력하는, 당신에게

그럼에도 사랑을 사랑하여

✴

라화랑 에세이

여는 글

사랑이 꽃같다는 말은 다 거짓말이다. 사랑은 꼭
꽃이어야만 했을 어떤 것이었겠지.

내게 사랑은 여러 모양이었다. 그 중 마음에 들게
예쁜 건 단 하나도 없었다. 남들은 하트 모양, 별,
달, 그 어떤 특별한 걸 잘도 만들어내던데. 반죽부
터가 잘못된 것이었을까. 소망을 담아 모양틀에 예
쁘게 찍어낸 것을 오븐에 적절한 온도로 돌렸는데,
분명 딱 맞는 시간에 꺼내기도 했는데. 반짝이는 맛
이 통통 입안을 쏘는 남들 것과 달리 내 것은 더럽
게 맛이 없었다.

그래서 흔한 사랑 노랫말이 든 유행가를 싫어했

다. 남들이 대체로 공감하는, 따라 부르기 쉬운 가사와 멜로디. 그걸 난 제대로 겪어본 적이 단 한 번도 없단 말야. 고까운 마음에서 튀어나온 반항심을 나는 그저 '홍대병 말기' 정도로 치부했다. 세상이 다 너로 가득하다던지 / 눈앞에 아른거려 미치겠다-던지 같은 유치한 말장난을 진짜로 믿는 거야? 세상 사람들이 나만 두고 몰래카메라를 하는 건 아닐까. 특히나 연애하지 않는 2030을 유죄라고 판결하는 대한민국에서, 사실은 나처럼 제대로 사랑이 뭔지 느껴본 적도 없는 사람들이 모난 돌이 되기 싫어 이해하는 척하고 고개를 끄덕거리는 건 아닐까. 다들 진지하게 감상에 젖어있을 때- 나는 말했다.

"전 진짜 사랑을 해본 적은 없는 것 같아요."

아, 그렇다고 사랑에 상처를 받은 적이 없냐면 그건 또 아니다. 사랑을 이해하려는 노력이 과도했던 20대의 나는 참으로 모든 시도에 대담하고 결과값에는 무지했다. 그래서 멍청하게 모든 감정 앞에 '사랑'이라는 수식어를 붙여 뛰어들었다. '진정한 사랑'을 찾겠다는 해맑은 여자 앞에 기다리는 건 몇 건의 얕은 수작질. 그리고 기대에 못 미치는 쓸데없을 경험.

　친구들과 쌓는 우정보다 더 좋고 멋지고 황홀한 세상이 연애만 하면 열릴 줄 알았다. 누군가 날 좋아한다는 고백을 건네면 '그럼 저 연애라는 나라에 입장을 해 볼까?' 생각했다. 초대장이 쥐어졌는데 파티에 참석하지 않는 건 기회를 날려버리는 거니까. 로또 당첨이 되려면 로또를 사서 긁어봐야지. 시도도 않고 '에라, 이것도 꽝이겠지.' 하고 무조건 포기할 수는 없었단 말이다. 그런 사람들과의 사랑을 찾는 시도 속에서 내가 발견한 건 하나다. 체념. 내가 바라는 사랑을 나는 뭔지도 모르면서 상대에게 구걸했고, 상대는 형태도 없는 무지개를 잡겠다고 허공을 뛰어다녔다.

사실 사랑한다는 말 앞에 뭔가 걸리는데, 이건 무슨

마음일까. 모두 주저하면서도 일단 상대가 바라니
까 뱉고 보는 게 사랑일까.

나는 나의 사랑에 상처를 받은 셈이다. 내가 바라
는 사랑이라는 감정을 위해 채를 여러 개 들고 몇십
년을 들판으로, 산으로, 물가로 쏘다녔지만 아무것
도 남은 게 없어서. 그럼에도 무언가를 원하고 있는
자신의 눈동자에 화가 나서. '*이만 집으로 돌아갈*
래. 사랑 없이도 사람은 잘 살 수 있어.' 하고 청춘
의 뜨거움을 수납했다.

가족의 사랑, 세상에의 사랑, 날 위한 사랑. 내가
먼저 가져야 할 것은 이런 것들이었다. 집으로 돌아
와 마음을 가만히 들여다보니 알게 됐다. 밖에서 찾
아도 아무리 채워지지 않았던 채집통에 무언가 쌓
이기 시작했다. 매일같이 나돌아다니던 모르는 사
람들과의 일회성 만남을 줄이고 마음이 편한 사람
들과 깊은 관계를 맺어보았다. 가족이 무거웠던 날
들에 안녕을 고하고 우울한 채로 버겁다 소리쳐보

았다. 냉소적으로 바라보던 언젠가의 눈을 바꿔보았다.

어렴풋이 알게 됐다. 사랑이란 꼭 사냥꾼처럼 손에 쥔 채 가지는 것이 아님을. 마음으로 다가오는 어떤 빛이었다, 그건. 아무리 해도 붙잡을 수 없던 게, 나 하나로 반짝이니 눈앞에 다가와 나를 마중해주었다. 애니메이션의 그 대단한 클리셰적인 대사처럼. "난 늘 네 안에 있었어." 같은.

사랑은 찾으러 돌아다니는 게 아니더라. 그저 하루를, 삶을 산책처럼 거닐다 보면 나를 이미 쏘이고 있는 오후 3시의 햇살같은 것이더라고. 눈이 부셔 왼손을 들고 나서야 알게 되는 것. '아, 이 빛이 나를 바라보고 있었구나.' 하고. 그리고 그 따스함을 조금 더울지언정 그 자리에 풀썩 앉아 저녁이 될 때까지 만끽하는 것. 저녁이 되면 이 빛이 사라질 거라 미리 걱정하지 않는 것. 과거의 사랑은 과거에 머무르게 한다. 오늘의 사랑은 오늘 이 시간에 맞이한다. 다가올 사랑 앞에 과거가 떠오를지언정, 그럼에도 불구하고 사랑할 용기를 잃지 않는다. 가득 담을 언젠가의 나를 위해.

이 글은 사랑의 테두리에 있던 20대 시절, 알지도 못하는 두 글자를 잡겠다고 온 들판을 쏘다녔던 땀방울로 엮은 마음들이다. 서른한 살이 된 지금의 나는 사랑이 무엇인지 안다. '이게 사랑이 아니면 뭐겠어?' 하고 어깨를 들썩일 줄 아는 것, 그리하여 더 이상 구태여 찾지 않는 것.

요샌 옛날만큼 골똘히 사랑을 턱 괴고 바라보지 않는다. 다만 알아챈다. 피곤한 월요일 저녁, 사랑하는 사람 때문에 짜증이 가득할 때에도 있는 힘껏 그 앞에서 투정부릴 줄 알게 된 나를. 그래도 퇴근하는 길에서 봤던 하얀 꽃 이름이 무엇인지 궁금해 검색하려는 봄날의 내 손짓을. 사랑하는 이를 만나 직접 얼굴을 보고 이야기하겠다면서도 함께할 주말이 못내 기뻐 정체 모를 손 꿀렁임을 출근길에 선보이는 순간을.

 이 책을 읽는 당신도 당신만의 레시피로 만들어진 쿠키를 기어코 찾아내기를, 그리하여 사랑을 알아채고 재수 없게 나처럼 끄덕이는 날이 오기를 소망한다.

 정말 맛있거든.

 라화랑 드림.

그럼에도

사랑을

사랑하여

그
럼
에
도

나는 말이죠. 주관적으로, 나만을 위해 존재하는 게
사랑이라고 결론내렸어요

온 세상이 다 자기 편을 들고 있네

"얼굴이 창백하다, 무슨 일 있어?"

지나가며 한마디씩 했다. 힘이 없었다. 출근하며 품 안에 꼭 안고 잠들었던 핸드폰이 사라졌기 때문이다. 어디 있는지 주변 사람들에게 찾아보라 부탁해도 도무지 나오질 않았다. 내가 죄 갔던 곳을 훑어보고서, 그리고 가방을 한 3번쯤 더 열어보고서 깨달았다. 인정했다. 핸드폰, 버스에 놓고 내렸다고.

지끈지끈 머리가 아파왔다. 삶을 살아내기 힘든 사람은 정신을 놓고 다니지. 그래서 이런 웃긴 일도 벌이고 다니고. 제풀에 제가 지쳐 누군가를 탓할 수도 없는, 다시금 불안증이 도진 사람의 마음이란 온통 시꺼멨다. 까맣다. 마음의 뾰족한 심들이 얼기설기, 하지만 거세게 나를 잔뜩 긁어댔다. 안 그래도 숨 쉬고 출근한 것만 해도 대단한 사람에게 이 무슨 횡포야, 세상아. 넋두리는 갈 곳 없을 때 꼭 세상을 탓하게 된다.

한숨을 푹 쉬며 부장님 앞에 서니, 걱정되셨나 보다. 내게 무슨 일 있냐며 안부를 물었고 나는 간단히 말했다. 핸드폰을 버스에 놓고 내렸다고. 그리고는 덧붙였다. 출장이라 오늘 전체 회의에 참석을 못하게 되어 대단히 죄송하다고. 내 어깨를 토닥이는 다정한 손길도 오늘은 제겐 힘이 없네요, 자조하던 차.

"자기, 잘 됐다. 오늘 가는 출장지 위치 말야. 핸드폰 찾으러 가야 하는 차고지 바로 앞 아냐? 00운수 맞지? 거기 바로 건너편이잖아. 너무 잘 됐다."

으어,에-? 힘없이 내가 대꾸했고, 그녀는 검지를 휙 들어 보였다. 숫자 1을 알려주겠다는 선생님 마냥.

"아이고, 잘됐네. 온 세상이 다 자기 편을 들고 있잖아, 지금."

명백한 하나의 진실일까. 왜 그녀는 검지 하나를 내게 굳이 콕 들어 알려주었을까. 이유를 모르겠지만서도 그 말이 내게 이유가 되어버렸다. 덕분에. 그러고보니, 온 세상이 다 내 편을 들고 있는 것도 같다, 특히 오늘 정신을 다른 데 팔고 온 날에는 더욱. 이건 또 다른 나의 실수가 내 편이 되었던 그로부터 30분 후 이야기.

회사 물건 몇 개를 사야 했고, 그래서 계획서를 올렸다. 결재가 난 계획서를 들고 회계 담당 직원분께 갔다. 급한 물건이니 바로 구매 부탁드린다고. 옆에서 장바구니를 함께 구경하고 있노라니, 아뿔싸. 무언가 돈이 이상하다. 깜짝 놀라 하나씩 목록을 지워가며 돈을 비교해보았다. 내 실수가 맞았다. 제대로 했으면 큰일날 뻔 했다. 실수하지 않았다면 배송비를 빼먹은 내 계획서는 반려당했을테고, 난 급한 물건을 제때 못 샀을 터. 이상하게도 내 손이 1개 대신 2개를 쿡 집은 덕분에 수량을 빼고 차액으로 배송비를 여유롭게 결제할 수 있게 됐다. 제대로 생각했다가 돈이 모자를 뻔 했다. 물론 완전히 똑바로 잘 생각했다면 처음부터 이런 일은 없었을 테지만, 누구나 직장에서 실수는 하는 법이고 그게 하필 오늘 같은 날이라는 게 내겐 중요했다. 정신을 놓고 벌인 실수가 또 나를 살렸다. 연달아 겪으니 마음에 글자가 다가오기 시작했다.

온 세상이, 넋이 나간 날 돌봐 주고 있다.
세상이 내 편인 사람일 수 있다, 내가.
이렇게 우울하고 불안해서 실수 투성이인 나를,
오늘의 세상이.

주변을 다시금 둘러보았다. 세상이 내 편인 사람이라고 생각했더니- 갑자기 하늘이- 예뻐보이지는 않았다. 드라마 속이나 동화 속처럼 마법같이 긍정적인 마음이 샘솟지도 않고. 맞다, 이건 현실이니까. 지금은 만화 속 캐릭터 캔디 아니고 그냥 나니까. 나. 그런데도 힘없는 웃음이 지어졌다. 맹세코 아름다운 글의 마무리 때문이 아니라 자부한다. 핸드폰을 찾고 도착한 출장은 업무 관련 연수였고, 연수 제목은 [비우는 것으로 나를 지키다]였다. 출장 연수 강사님이 끝에 말씀하셨다.

"쉼표가 있을 때 반올림이 옵니다. 쉼 있는 시간과 마음에서 성장이 온다는 걸 기억하시기를."

며칠 정도 더 넋이 나가 불안한 마음을 안은 채로 널부러져도 괜찮을지도 모른다는 생각이 들기 시작했다. 좀비같이 숨 붙어 휘청이며 회사를 걸어 다니는 나를 보여줘도 괜찮다고, 눈 좀 덜 뜨고 업무에 가끔 구멍 내도 괜찮을지도 모른다는 약간의 숨통.

그래도 괜찮은 이유는,

하루 이틀 정도는 세상이 내 편인 사람이니까.
내가.

기지개, 세상에 켜는

기지개를 많이 켠다. 옛날에는 자고 일어났을 때만 하던 동작이었다. 그런데 자꾸만 기지개를 쭉 켜고 걷고 싶은 시간이 있다. 졸려서 잠 깨려고 하는 것 말고, 상쾌한 기분이 드는 동작. 드라마 주인공 같은.

웃샤-하고 소리내어 손을 하늘 위로 쭉 편다. 그리고 팔꿈치가 쭉 늘어나는 순간을 느낀다. 잠시 눈을 꼭 감고, 숨도 뱉어본다. 그리고 눈을 다시 반짝 뜨면, 이상하게 웃음이 난다. 이건 나의 기지개의 순간에 대한 이야기.

오늘의 기지개는 이거였다. 매번 가는 상담 선생님과의 약속- 어떤 말을 먼저 할지 하루종일 문을 박차고 여는 상상을 계속했다. 뱉어내고 싶은 삶의 이야기가 있었다. 늘 내겐 사건이 생기고, 그걸 담을 그릇이 투명하다. 그래서 늘 어떻게 품어내야 하는지 아리송하다. 그럴 땐 일주일에 한 번, 한 시간씩 뵙는 선생님께 꼭 이 이야기를 해야겠다 다짐한다. 오늘은 특히 청춘 사업으로 머리가 띵하니 아픈 날이었다.

나도 모르게 기대했던 사람이 사실은 내 생각보다 별로인 사람이었으며, 그럼에도 불구하고 왜 그 사람에게 끌렸던 건지 모르겠다고 머리를 쥐어뜯었다. 자제력을 잃고 잘 알지도 못하는 사람에게 호감을 품어버렸다, 그리고 또 나를 희생하면서 그 사람에게 맞춰주려고 했다는 자책감을 토로했다. 그래서 며칠동안 자다가도 벌떡벌떡 깨고 계속 핸드폰 화면만 쳐다봤다고도 했다. 침대를 팡팡 주먹으로 내리치고 이불을 걷어차며 말똥말똥 뜬눈으로 밤을 좀 지새웠다고. 나 그래서 오늘 퀭하다고 고했다. 아빠 다리를 하고 소파에 앉아 쿠션을 또 때리려고 하는 나를 보고 상담 선생님이 웃었다. 나는 문득 궁금해져 물었다.

"이렇게 매주 다른 주제로 머리를 쥐어뜯는 상담자, 저 말고 또 있어요? 전 제 인생이 너무, 매번, 늘 무언가가 일어나는 것 같아요. 다른 사람들 말고, 나만요."

그랬더니 상담 선생님 왈.
"그래서 사랑스러워요. 이렇게 매번 다른 일로 열심히 살아가는 당신이, 너무 기특해. 예쁘고요. 청춘이야 정말."

나는 '그러게요, 청춘이네요.' 하고 고개를 끄덕였다. 무거웠던 내 삶이 갑자기 청춘이라는 두 글자를 입히자 산뜻해졌다. 맞다, 다채로운 내 일주일은 누구보다 청춘이야- 생각하니 즐거웠다. 나라서, 지금이라서 겪는 특별한 경험들이니까. 나만의 청춘이 사랑스럽다고 말해주는 사람도 있으니 한결 마음이 가벼워졌다. 생각이 단순해진다. 그만 생각해도 된다. 청춘은 그래도 되니까.

내 마음을 토해내고 건물 밖을 나왔다. 꼭 안아준 선생님 품 덕분에 아직 따뜻한 몸에 차가운 공기가 닿았다. 갑자기 기지개가 켜고 싶었다. 그래서 손을 쭉 뻗었다. 잠시 웃쌰- 힘을 주어 숨을 멈췄다가 후- 하고 뱉어냈다. 겨울 저녁 공기가 나를 맞이했다. 나도 그에 맞추어 가득 마음을 담았다. 그리고 손을 내렸다. 노곤한 웃음이 나왔다. 한 시간 동안 계속 이야기를 했는데, 배고프지 않았다. 기분이 무척- 무척이나 좋았다. 그래서 드럼 비트가 강렬한, 밝은 밴드 노래 하나를 평소보다 크게 틀었다. 귀에 에어팟을 꽂고 하늘을 봤다. 12월의 밤하늘은 저녁 6시여도 깜깜하다. 배가 고프지 않으면 고프지 않은 대로 집에 가자, 결심했다. 나도 모르게 큰 걸음으로 신나게 길을 걷기 시작했다. 집까지 가는 길이 즐거웠다.

내가, 주인공이 된 기분.
기지개를 켜고 하늘을 봤다가 손을 내렸더니,
오늘의 지금 이 시간이 날 맞이해줬다.
나도 같이 인사하는 기분이다. 기지개를 켜면서-
내리면서- 나 이제 세상에 스며들게. 잘 봐, 하늘아!
하고.

기지개는 내게 세상에 날 담뿍 담아달라 말하는
선전포고다.
이 사람, 등장! 하고.

한결같은 사람의 한결같음이 주는 위로, 존재하기

나는 다채롭다. 주변 사람들도 내게 그렇게 말하고. 종잡을 수 없이 캐릭터가 휙휙 바뀐다. 그래서 나조차도 내가 때로는 버겁다. 뭐가 진짜 나인지 알 수 없어서. 이것도 저것도 다 내가 아닌 것 같은 순간.

그런 내게 존재만으로도 위로가 되는 사람이 있다면, 그건 한결같은 사람의 태도. 특히 나를 대할 때의 여전함. 담담한 일상을 슥 내미는 사람들의 몇 시간을 나는 뺏고, 힘내라는 말 같지도 않은 위로의 말 한마디 듣지 않은 채 돌아간다. 그리고 내일 살 힘을 얻곤 한다.

시간대는, 저녁에서 밤.
마음대는, 말로 설명하기 귀찮은 우울과 복잡한
부정적 기운을 담고 있을 때.
이유는, 생각나서.
방법은, 무턱대고 전화, 메세지 말고.

　한결같은 사람들은 자신의 기준이 단단하다. 나처럼 여기저기 휘둘리고 작은 말에 아파하지 않아. 그래서 편하다. 내 아픔 몇 개 더해도 제 것으로 쉬이 흡수하지 않는다. 그러면서 무심하다. 제 몫이 아닌 아픔을 대신 물리쳐주지 않는다. 그 무감각한 선, 네 일이니 결국 네가 알아서 할 바라는 태도가 마음에 쏙 든다. 무슨 일이냐 더 캐묻지 않고, 갑자기 연락한 내게 밥이나 먹었냐며 자신이 가장 중히 생각하는 일상을 그저 묻는다.

　"별일 없지?" 혹은 "웬일이냐?" 정도의 대꾸에 내가 어물쩍 웃어넘기면 한숨 한 번 쉬고
　"오냐, 알았다. 밥 먹고, 씻고, 얼른 자라."하는 사

람이 있는가 하면

"그래, 알았다. 밥이나 같이 먹자. 30분 뒤에 역 앞으로 나와라. 지난번 김치찌개집 맛있더라." 하는 사람이 있다.

　두 사람 모두 좋다. 내가 기쁘건, 당황하건, 화가 나건, 속상하건, 혹은 어떤 감정의 이유조차 모르고 생기를 잃었건. 가타부타 캐묻지 않는 말투. 무언가 고장 난 나도 당연히 일상으로 당연히 들어갈 수 있다는 그들의 굳건한 중저음. 네 자리는 원래 여기인데, 어딜 헛돌고 있냐는 의아함 담긴 눈초리. 그러면 나는 저 바닥 밑까지 굴러떨어져 가던 나만의 땅굴에서 불현듯 머쓱해져 생긱 밖, 오감 가득한 지금-현재 내 몸으로 기어 돌아오곤 한다.

　정신 차리라 섣불리 강요하지도 않고, 네 표정이 안 좋은데 무슨 일이 있는 게 틀림없다며 부담스러운 공감을 시작하지도 않는 평온함. 그들의 여전함. 한결같음. 어디에도 쉬이 곁 두지 못해 별일에다 튀어 다니던 내 마음을 붙잡는 한결같은 사람들. 그들의 일상의 힘.

그 곁에서 오래 붙어있어야겠다.
존재만으로 위로가 되는 한결같음 옆에서.

10대의 네가 꿈꾸던 모습, 지금의 너 맞아?

*어쩌면 내가 망설임 없이 힘껏 뽑아 들었던 미지
의 꿈은 대단한 게 아니었을지도 몰라 어둠을 가
르고 행진하던 어린 날의 우리는 무엇을 그리도
굳게 믿었나. 찬란하게 질주하던 용감한 젊음이
여 반짝이던 행진은 추락마저도 빛이 되어 남으리
슬퍼 말아라 늙은 소년아 그대는 이미 하늘을 걷
는 별이다.*

≪원탁의 기사, 모브닝≫

일요일 집 앞 스타벅스 오후 4시 29분. 조금만 누
워보려다 한 시간이나 낮잠을 잤다. 알 수 없는 기
분 나쁜 꿈에 가위눌리듯 잠이 깼고, 일요일마다 기
분 내던 카페는 지난주 폐업. 갈 곳 없는 내가 선택
한 장소의 이유는- 누군가를 소개팅 시켜줬더니 고
맙다며 받은 기프티콘. 이런 내가, 오늘의 내가, 지
금의 나를,

10대의 내가 꿈꾸며 바랐던 모습이냐고 묻는다면 나는 아파할까, 질문에서 도망칠까, 잠자코 끄덕일까.

그간 지녔던 개똥철학. [10년 후의 내 모습은 10년 전의 내가 결정한다.] 어디서 본 적도 없고, 일부러 만든 생각도 아니다. 그저 언젠가부터 태어날 때 뽑은 포춘쿠키의 한 줄처럼 지니게 되었다. 산부인과에서 모월 모시에 태어난 내게 자동 탑재시킨 건 아닐까. 598번째 아이라고? 그럼 이 생각을 집어넣도록 하지- 하고.

이 이야기를 왜 지금 하냐면- 이젠 저 문장, 버리겠다는 선언을 하려고. 오늘의 내가 조금이라도 불행하면 나는 곧잘 내 탓을 하곤 했다. 네가 지난주에 부지런하지 못해서 그래- 지난달에 좀 더 재테크에 관심을 가졌어야 했어, 지난 년도에 더 힘주어 이곳저곳 화려하게 쏘다녔어야 했어, 지난 휴가에 늦잠자면 안 됐어.

그러다 조금이라도 마음이 평소보다 더 아린 날
이 찾아오면, 어쩔 줄을 몰랐다. 어디 후회가 1년 주
기에서 멈추겠어요- 끝까지 파고드는 자의 최종 후
회 종착지는 '존재'다. 나의 탄생을 자책하는 시간
을 견뎌냈다. 그 따갑고 퍼부어지는 미움에 갇힌 나
는 참으로 너덜너덜했다. 생명 자동 연장 장치를 단
좀비였다, 내가 느끼기엔 적어도 나는 참으로 못났
다, 그때.

근데- 그런 내가 예쁘다고 하는 사람들이 많더라
고. 나는 미친 속도로 떨어지고 있는데, 이미 추락해
여기저기 짓눌리고 뒷틀려 삶을 내팽개쳤는데. 직장
에서도- 상담 센터에서도- 길을 가다가도- 새로운
모임에 나가도- 버겁게 숨 쉬는 나를 그 자체로 '예
쁘다.' 하더라. 이렇게 열등감으로 똘똘 뭉쳤는데
요? 이렇게 저 자신을 무거워하는 데도요? 여러 번
되물어도 모두들 끄덕였다. 그렇다고.

가소로웠다. 있는 힘껏 비웃어주었다. 날 잘 모르

는 자들이야, 역시 내 망가짐을 아무도 눈치채지 못하는구나.

…아니었다. 아니더라. 밥 한 끼 못 먹고 말라가는 나를 두고, 회사 사람들은 나 몰래 회의를 열어 저들끼리 순번을 정해 내 눈치를 보다가 "같이 저녁이나 먹고 들어가자." 했다. "오늘은 어떤 하루야? 그냥, 그냥 이유 없이 네가 궁금해서." 새로 만난 가벼울 모임의 인연들. 모임 날도 아닌데 이따금 날리는 관심. "점심 먹을 곳 주변에 없는데, 같이 시켜서 먹을래요?" 어느 날의 도피처였던 북스테이 사장님의 마음도. 다 받아먹고 나니 알게 됐다. 나를 가만히 두지 않을 만큼 왜 사랑을 주지-
의구심이 피어낸 질문의 유일한 정답.

추락마저 아름다워 눈길이 가는 존재-
그게 나였던 거구나.

10년 전의 내가 무얼 잘못해서 지금의 내가 아픈

게 아니야. 어제의 너는 잘못한 게 없어.

　네가 잘못한 게 있다면, 네가 얼마나 아름다운 존재인지 모르고 소중히 대하지 않은 것.

　나를 깎아내렸던 건, 나였다. 잠시 찾아오는 어두움을 나는 걷어낼 줄 몰랐고, 모든 불행을 내 탓으로 돌렸다. 무례하게도, 내게.

　공손히 예의를 갖춰 목례를 한다.

　조금이나마 운동을 시작했다. 술자리를 일부러 만들지 않는다. 스트레스가 쌓일 때 일부러 감당 못할 매운 음식 먹는 걸 참았다. 세 잔 연거푸 들이마시던 커피를 한 잔으로 줄였다. 오늘부터 내 포춘쿠키 문장은 이거다. 모월 모시 모분에 태어난 자들에게도 이런 문구를 넣어 주기를.

　오늘의 나는 오늘의 내가. 어제의 나는 어제의 나일 뿐.

　10대의 내가 바랐던 것은 오직 나의 행복이었다. 내가 바라던 미래의 꿈꾸던 내가 되었냐고, 펑퍼짐

한 교복 치마에 찔릴 듯한 앞머리를 틀어올리고 새
벽까지 공부하는 그때의 내가 오늘의 내게 묻는다
면, 그렇게 잠도 못 자고 희생하던 청춘의 시간이 거
기에서 꽃피었냐고 묻는다면,

　끄덕일 것이다.

너는 이미 하늘을 나는 별이 됐어.
반짝이는 혜성이 됐단다.
매일매일 아득한 밤하늘을 여행하는
존재가 되었어.
그러니 오늘도, 어제도, 내일도 살자. 너대로.

불안정한 내 과거를 감싸안아보자고

고맙게도 나를 좋아해주는 친구가 말했다.

"너는, 한껏 안정된 분자구조 속에 이상하게도 불안정하게 똑 떨어진 분자같아."

웃었다. 생각해보니 맞네.

불안정함을 추구했던 것도 아닌데- 그 모든 안정성을 내던진 만큼, 내가 얻은 경험이라는 게 그만큼 소중했던 건가. 가끔 코난 오브라이언의 우스갯소리를 떠올린다.

"니체는 너를 죽이지 못할 고통은 너를 강하게 만들 뿐이라지만 저는 말합니다. [죽을 것 같은 고통은 정말 네가 죽을 수도 있다.]고."

남들이 보기에 행복해야만 할 것 같은 온실 속 화초의 삶, 나는 왜 내려놓고만 싶었을까. 그렇게 부모님이 공들여 만든 공주님의 자리- 왜 마음 다치고 온 몸 부서져가며, 결국 돌이킬 수 없는 상처를 안고 그제서야, 죽기 직전의 영혼이 되어서야, 제 삶이 얼마나 귀한지 깨달은걸까.

후회하냐고 묻냐면, 답은 '잘 모르겠다.'이다. 가지 않은 삶의 미련은 누구나 있고, 나또한 마찬가지이다. 하지만 그렇다고 지금까지 나를 부정할 기회가 주어진다고 하면- 섣불리 그 버튼 누르기가 어렵기도 하다. 자기 방어막인가 싶기도 한데, 이유 없이 기분이 그렇다. 그냥, 그렇다고 돌아가기엔, 싫어.

그간 내 경험을 누군가에게 권하고 싶지 않다. 청춘의 이름 안에 아파야만 했던 파도가 참으로- 내 본래 운명보다 더 가혹했음을 알아서. 그 모든 걸 웃으며 바라보는, 내 마음따위 전혀 모를, 몇십 년 더 나이 든 자들의 눈길이 싫어서. 스무 살부터의 내 삶을 내밀기 미안하다. 아무리 온갖 역경을 통하여 얼마나 내가 단단하고 멋진 사람이 됐던 간에.

그런데 이상하게도 이 불안정 분자에게 풍기는 냄새가 단정하다는 사람들이 꽤 많다. 놀랍다. 날 잘몰라 하는 소리인가 하면, 그것도 아니다. 고등학교 친구들도 그러는 걸. 내 삶을 누구보다 깊숙이 관전한 다이빙 선수들인데.

"넌, 그런 느낌이야. 잘 배우고 가정교육 잘 받은 사람의 단정함. 네가 주는 다정함이 그래. 사랑하고 사랑받으려고 우린 애써서 노력하는데, 너는 그걸 타고난 듯이 하고 있어. 당연하다는 듯한 네 태도가 참 좋아. 그래서 네 옆에 있으면 내가 마음이 편해."

진흙탕에 굴렀는데- 분명 내 시간의 사건, 사고들은 누군가 평생 겪지 않을 것들의 총 집합소였는데, 왜 그런 거지. 그런 고통과 경악의 경험 자체가 날 만들었다고 말하고 싶지 않다. 나는 그저,

나임을 찾아가는 모든 순간을 잘 기억하는 사람이라 그런가 보다- 결론 내린다.

결론도 섣부르지만, 이건 하나의 시도다. 내 그간의 20대를 쓰다듬으려는 손짓. 내가 나로 살기 위한 모든 시도, 그리하여 발견한 자존감. 스스로를 사랑하려는 모든 시간. 결국 해낸 나까지.

그러니 나인 채로 서 있는 사람들을, 나도 이제부터 단정하다고 하겠다. 삶에 있는 대로 휘둘리고 엎어져 울면서 자신을 꼭 끌어안을 줄 아는 영혼이 있다면- 다정하다고 하겠다. 있는 대로 휩쓸려도 괜찮은 사람들- 불안정 분자여도 마음 한켠 늘 따스하려고 움직이는 사람들과 함께하겠다.

그러다 보면, 이 통통거림도 언젠가 자잘한 진동으로 바뀔 테지.
나도 모르는 새- 옆에 붙은 사람들이 말해줄 테지.

"이것 봐! 우리 옆에 잘 붙어있네? 너도 이제 멋진 안정 구조가 되었어!"

그럼 좀 기대어 쉬어야겠다. 칭얼거리면서.

한가롭고 외로운 김에 공원 찬가

공원을 좋아하게 됐다.

정확히는 공원 한가운데 길목에 자리한 벤치에 앉아 지나치는 사람들을 관찰하는 토요일 오후와 저녁 그 사이의 내 시야가 좋다. 마이클 부블레의 노래를 재생시키고 보는 사람들이 걸어가는 모습. 핸드폰을 보고 바삐 지나가는 여자라던지, 운동복을 입고 나와 두 손을 꼭 잡고 서로에게 힘주어 걷는 할머니 할아버지들까지- 궁금한 것들 투성이다.

저 사람들은 어쩌다,
이 시간에,
여기까지 나와 내 삶을 반짝이게 만들어주는 걸까.
무슨 이야기가 숨어 있을까-

상상해보는 것이다.

　예를 들어, 방금 이 더운 날씨에 긴 팔 운동복을 입고 뛰어다니는 아저씨 한 분에게는, 이 주변에 살며- 평소에는 운동할 시간이 전혀 없이 바쁘고- 운동 외의 다른 여유를 가질 수 없는 가장- 그래서 뜀으로써 자신의 생각을 정돈하는 헐떡거림- 그리고 황급히 "아-빠 빨리와, 나 배고파!"라며 칭얼거리는 일곱 살 딸래미의 전화를 받고 멋지게 숨을 고르던 조깅을 멈추고 진심을 다해 뛰어가는- 사랑스러운 아버지- 의 상상을 붙여보는 것이다.

　재미있다. 모두 가을 하늘이 내게 주는 이야기들이다. 유모차에 탄 강아지의 마음, 나이 차이가 많이 나는 여자(아마 딸이겠지)에 이끌려 산책하는 할아버지의 만족감같은 것들은 어쨌거나- 여유로움이 동반되어야 하기 때문이다. 그리고 그 여유로움은 행인이 아닌, 내게서 나오는 것이리라. 나는 가을이 다가오면 끝이 나고 말 때까지 집 밖에서 끊임없이 세상 산책을 즐기는 사람이라 다행이다. 토요일 저녁, 나는 장충동 한 공원에 앉아있다. 눈앞의 사람들은 어디론가 걸어가고 차들은 나를 보지도 못하고 나무 사이로 사라진다.

아, 살아 있어서 고마운 시간이다.

　지나가는 하얀 고양이가 말한다.
　"넌 참 별 게 다 고맙다. 나 같은 고양이는 그런 것쯤 매일 보는걸?"

　나는 고양이가 날 째려보는 찰나의 눈을 카메라에 담는다.
　그리고는 가만히 웃는다. 그리고 대답한다.

　"왜냐하면 나는 이 모든 게 쓸모없다고 지겨워하던 모든 시간들을 기억하거든. 그리고 그런 삶이 얼마나 아프고 고통스러웠는지도."

고양아, 인간은 너처럼 똑똑하지 못해. 참으로 어리석단다.

눈앞에 있는 음식을 보고 너처럼 용감하게 목숨을 담보로 뛰어들지도 못하고 함께하고픈 이성이 아른거려도 너처럼 대범하게 말을 걸지 못해. 그래도 나는 멍청한 인간으로 살아야 하기에 조금이라도 널 보며 배워볼게. 자분자분 길을 밟아내는 네 발을!

내 말이 채 끝나기 전에 뭐래는 거냐며 콧방귀를 뀐 고양이가 도도한 발자국을 남기고는 사라진다. 나는 내려놓았던 가방을 다시 어깨에 멘다. 그리고는 엉덩이를 툭툭 턴다.

자, 어디까지 왔더라.
네이버 지도가… 엇 여기다.
나의 온전하고 외로워 완벽한 토요일 오후.

세상을 사랑하고자 하는 결심, 홍콩

여행이다. 또.
내게 여행은 사람에 대한 마음을 닦는 것.
낯선 사랑을 찾아 헤매는 것.

여행이라는 단어를 많이 쓰니, 유튜브 알고리즘에 여행 팩폭이라며 동영상이 뜨더라. 왜 멀리서 돈 수억을 써가며, 사치스러운 삶을 사냐고. 아파트 살 돈 모아서 착실히 살아야지, 자기 같으면 여행 자주 다니는 여자나 남자는 친구 안 소개시켜 줄 거라나.

그 사람 말도 이해가 간다. 누군가에게 난 없는 돈 쓰는 걸 즐기는 빈털터리겠지. 제 눈앞의 일상에서 찾을 수 있는 행복이라는 걸 저 멀리서야 붙잡으려 하는 헛똑똑이기도 하겠고.

설날에 술 취한 아빠 옆에 앉았다. 그가 말하기를,

"단순하게 사는 게 최고다. 봐라."

맞다. 있는 힘껏 고개를 끄덕였다.

하지만 내 대답은

"맞아. 근데 난 복잡하게 살 수 밖에 없는, 복잡한 사람이라 그게 마음대로 안 돼."

나는 고개를 저으며 허탈하게 웃었다. 아빠가 너 언제 이만큼 컸냐는 듯 나를 얼마간 가만히 응시했다.

이게 내 이유다. 여행을 떠나는 이유. 복잡한 사람이라 그렇다. 모르는 할머니 앞에 앉아 엄지 치켜 올려가며 점심을 먹으러. 말 안 통하는 옆 테이블 사람들에게 메뉴 추천받다 친구가 되러. 길을 잃어 헤매다가 술 취한 채 담배를 손에 들고 말 거는 남자에게 있는 대로 화내고 큰길로 도망치러. 트램 안에서 내가 서 있는 걸 본 아저씨가 제 유모차를 치워 나보고 앉으라며 오른손을 의자에 두들기는 걸 보러.

그 모든 낯선 사람들에게서 사람이 뭔가 생각한

다. 그리고 결국 이 모든 경험과 세상을 다시 한번 굳세게 사랑하기로 한다. 내게 세상은 사랑의 결심이다. 여행은 그 결심을 다채롭게 빛내는 일. 복잡하고 사치스럽기까지 한 나는 직장에서, 서울에서, 가끔 만나는 친구들의 소중함이 무뎌진다. 그래서 삶의 색이 바래지면- 선명하게 페인트칠을 하러 비행기를 탄다.

홍콩 여행 삼일차 오후. 어제와 오늘 아침까지 있었던 일. 사람과 친절에 대한 이야기. 그래서 사랑을 하게 됐다는 고리타분한 교훈을 먼저 고함.

첫 번째 사람. 트램 안 유모차 아저씨.
야경을 별로 좋아하지 않는다. 인위적으로 만든 경치, 뭐가 좋다고. 어딜 가도 똑같을 빌딩 숲. 툴툴거리며 여행 일정에서 뺐다. 하지만 홍콩, 생각보다 작은 동네더라. 결국 할 것도 없는 나는 뒤늦게 빅토리아 피크에 예약 없이 트램을 타러 갔다. 줄은 어마어마했다. 티켓 줄부터 트램을 타는 줄까지-

우리나라와 다른 줄서기 방법이라던가, 생각보다 너무 많은 인파라던가, 뒤에서 자꾸 미는 누군가 때문에 불쾌 지수는 하늘을 찔렀다. 내가 이 좋아하지도 않는 야경 하나 보겠다고 이 수모를 다 겪어야 하나, 짜증이 가득한 내가 한 시간을 기다려 빅토리아 피크로 올라가는 트램에 탔을 때란 이랬다. 뒤에서 은근슬쩍 밀치고 앞으로 들어온 다른 관광객들에게 자리를 내준 뒤. 자꾸 누가 내 몸을 건드리는 게 불쾌했던 나는 저들 사이에서 자리 싸움을 하며 그들을 더욱이 밀치고 의자에 앉고 싶지가 않았다. 사람에게 실망할 때 나는 '인간'이라는 단어를 곧잘 붙인다.

'인간이란, 결국 이기적이야.'

체념한 눈빛으로 벽에 기대어 섰다. 그런데, 출발하기 직전 웬 아저씨가 나를 보더니 중국말로 말을 붙인다. 고까운 나는 말했다.

"NO speak Chinese."

그럼에도 불구하고 이 아저씨, 뭔가 자꾸 말을 거네? 뭐지. 싶어 쳐다보니 유모차를 가리키며 쌀라쌀

라. 피곤한 와중에 눈치가 대신 통역하기로는- "내 유모차 거기에 두고 싶다." 나는 물었다. 너 이 자리 원하냐고. 아저씨가 힘차게 Yes를 외쳤다. 한숨을 쉬며 비켜주었다. 나 서있는 자리까지 뺏냐. 나쁜 인간들.

그랬는데, 갑자기 아저씨가 유모차를 놓더니 나를 쳐다봤다. 그리고 오른손으로 의자를 두 번 톡톡 치며 날 보고 웃는다. 무언가 말을 한다. 이상하다. 내 눈치상, 이건 "너 여기 앉아." 하는 거다. "me? sit there?" 했더니 끄덕이는 아저씨. 엇, 머쓱해졌다. 인간이라는 단어를 썼던 내 마음이 부끄러웠다. 한 사람의 친절과 진심을 나는 오해했고, 기분 나빠했고, 곡해했다. 이 무슨 오만이야. 네가 뭐라고. 한 시간만으로 사람들이 모두 비슷할 거라 판단해.

고맙다고 몇 번 말하고 앉았다. 위로 경사진 언덕을 올라가는 트램이라, 나 대신 자리한 유모차가 아래로 떨어질 것 같길래 오른쪽 발로 유모차 무게를 버텼다. 그리고 아름다운 야경을 보았다. 트램에 스쳐지나가는 홍콩 밤은, 참 반짝였다. 나는 카메라를 들어 순간을 담았다. 그리고 아저씨에게 내리기 전 다시 한번 눈 맞추며 감사하다 고개를 숙였다. 아저씨는 뿌듯한지 웃으며 유모차를 다시 챙겼다.

아저씨, 감사해요. 덕분에 눈앞의 풍경이,
훨씬 아름다워 보여요.

두 번째 사람. 야외 음식점 옆에 앉은 친구들.
유명한 템플 스트리트 야시장에서 숙소까지 가는 길을 잃었다. 구글이 밤이 되니 골목길을 안내해줬다가, 갑자기 모든 방향을 놓더라. 비슷한 길을 뱅뱅 돌기를 30분- 핸드폰에 대고 화를 내고 있으니 웬 외국인이 담배를 입에 문 채로 내게 다가왔다. 다른 한 손에는 맥주를 든 채. 아, 경계해야겠다 싶어 흠칫거렸고, 그 외국인은 길을 알려주겠다고 내게 말을 붙여왔다. 하지만 본능적으로 안다. 길을 알려주겠다며 내 어깨를 건드리고, 몇 살이냐고 묻고, 자기가 같이 가주겠다며 일정 거리 안으로 자꾸 몸을 붙이려는 끈적함이라니. 그래도 좋은 사람일 수 있어 처음에는 공손히 거절했더니, 자꾸 따라붙어 확 성질을 내버리고 큰길로 도망쳤다. 결국 찾아낸 나의 숙소. 덕분에 저녁 먹을 시간이 훨씬 지난 나는, 숙소 바로 앞 노상 테이블이 즐비한 식당 메뉴를 구경했다. 안도감이 밀려왔다. 여긴, 진짜 현지인들밖에 없어. 드디어 살았다. 무슨 메뉴를 시킬까 고민하다 옆에서 무얼 먹고 있는 사람들에게 조심스레 말을 붙였다. 혹시 추천해줄 수 있냐고.

그래, 이거야. 맑고 담백한 눈빛.
내게 메뉴를 추천해주는 사람은 남자였지만, 전혀 느끼하지 않다. 진심으로 친구와 뭐가 나을지 이야기를 나누더니, 주문마저 대신해주었다. 그리고 한국에서 왔냐고 묻더라. 비슷한 질문인데 왜 분위기는 천차만별이지. 길에서 만난 담배 피던, 술 먹은 남자도 한국 사람이냐며 물었는데. korea 앞에 이상한 감탄사를 안 붙여서 그런가. 그렇게 메뉴 추천만 받으려 했던 나는 옆 친구들과 즐겁게 이야기를 나누었다.

　모두 영어가 모국어가 아닌지라, 중간중간 단어만 이야기했지만 이야기는- 적어도 마음과 눈빛은 잘 통했다. 마지막에 나온 나이 얘기에 너도 서른이냐, 나도 곧 서른이라며 우리 친구하자고 했더니 '친구'라는 말을 몇 번 따라하고는 좋은 단어라며 웃었다. 맥주잔을 들어 친구! 하고 건배했다. 농담까지 주고받는 사이가 되었을 때- 그들은 집에 간다고 했고, 나는 잘 가라고 손을 흔들었다. 그런데 갑자기 내 계산서를 들고 가는 친구. 이게 무슨 일인가 싶어 손사래를 치자, "Have a good day-!" 하고 악수를 건네더라. 고맙게도 홍콩 이튿날 저녁을 공짜로 얻어먹었다.

　친구를 잘 둔 덕분에- 앞서 겪은 불쾌한 두려움이 맥주 거품 터지듯 사라졌다.
　이성은 무섭지 않아, 이상한 사람이 가끔 있을 뿐

이야.

침대에 누워 have한 nice day를 생각하다 늦게
잠이 들었다.

세 번째. 딤섬집에서 합석한 할머니, 할아버지들.
홍콩은 합석 문화가 자연스럽다. 테이블에 남는
자리가 있으면 앉아도 된다. 좁은 땅에서 사람이 많
아 그렇다고 어제 만났던 친구가 설명해줬다. TV에
나왔던 유명한 딤섬집에 갔다. 줄을 섰더니 엘리베
이터를 타라 했고, 문이 열리자마자 보이는 시장통
에 나는 가방끈을 꼭 쥐었다. 어마어마한 인파다.
수많은 현지인들이 종업원 안내 없이 제 자리를 맡
아놓은 양 사라졌고, 나는 당황했다. 한국인은 아
무래도 어디에 합석을 해야 할지 당황스럽기만 해.
그 때- 직원분께서 문 바로 앞 테이블에 앉으라고
가리켰고, 나는 엉겁결에 자리에 앉았다. 눈앞에 보
이는 할머니 한 분과 할아버지 한 분. 본능적으로
웃으며 이 자리가 낯선 외국인임을 한껏 티냈고, 두
분은 뭐라 말씀하시며 웃었다. 이 소란스러운 곳에

서- 내가 딤섬을 먹을 수 있을까. 주문을 해야 하나, 뭘 해야 하지. 두리번거리는 내게 쥐어진 종이. 그리고 할머니는 나를 보며 종이를 들고 카트를 가리켰다.

"아, 저기 가요? 이거 들고?"

한국말로 또 넋두리하듯 물었고, 할머니는 네 말 다 이해했다는 듯 끄덕이며 계속 손짓했다. 덕분에 앉자마자 생긴 딤섬 두 통. 뭔지도 모르고 일단은 깨물어보는 나를 두 분께서 유심히 지켜보셨다. 두 분을 보며 나는 말했다. 박수를 짝짝 쳤고,

"Good! 이거 진짜 맛있어요!"

하며 콕콕 딤섬을 찌르고는 엄지를 치켜올렸다.

그런 나를 보고 두 분이 서로 말씀하시며 재차 Good? 이냐며 물으셨고, 나는 끄덕이며 와구와구 먹었다. 그랬더니 할머니께서 종업원을 불러 다른 메뉴를 시켜 내게 건네셨다. 말과 함께. 아마도 이런 말이었을 것이다.

"너 이거 먹어 봐. 한 번. 맛있어 이거."

빵 안에 고기가 들어가 짭쪼름하고 달았다. 감사하고 죄송스러운 마음에 "어머 어떡하지, 어머 너무 감사해요."하고는 뒤늦게 "thank you-"를 외쳤는데, 이미 감사하다는 내 한국말을 모두 알아들으신 모양이더라. 또다시 엄지를 들어 올리며- 너무 맛있다고 웃어 보였다. 그랬더니 이번에는- 할아버지께서 슈마이를 먹어보라며 내 접시에 친절히 놓아주셨다.

"후웅, 어쩌지, 어머 넘 감사해요!"

울 것 같은 내 미간과, 그에 비해 한 입 먹고는 이것도 맛있다며 눈을 반짝이는 한국 여자를 할머니 할아버지께서 어여삐 봐주셨나 보다. 언어가 통하지 않는데- 이상하게 대화가 통하는 기분은 무엇일까. 핸드폰으로 사진을 찍고 있으려니 내 사진도 찍어주셨고- 한국에서 왔냐, 어떻게 여기를 알고 왔냐, 잘 가라는 말을 해 주셨다. 잘 먹는 나를 이야기하시다 중간중간 보며 끄덕거리기도 하셨고.

알았다. 대화가 아니라, 마음이 통하는 건가 보

다.

  마음이 따스하고 배불러- 배가 나왔어도 기분이
좋았다. 같은 테이블에 앉은 죄로 하나하나 다 챙
겨줘야 할 외국인에게, 친절을 선뜻 베풀어주신 나
이 든 자의 눈길이 참 포근해서. 허리 굽혀 열댓 번
을 인사하고 식당을 나왔다. 감사한 분들이야, 참.

며칠 내내 잘 먹어 볼록 튀어나온 내 뱃살처럼
마음이 살찌는 중.
그렇게 세상을 사랑하고,
서울로 돌아가야지.
야위지 않게- 잘 관리해야겠다.

여름, 다양한 사랑의 온도

  태국 여행 3일차, 기찻길 시장에 갔다. 말 그대로 기찻길 위에 시장이 형성된 독특한 곳. 기차가 지나가면 그때만 잠시 장사를 접고, 손님들은 모두 가게 안으로 피신한다. 그리고 기차가 갈 때까지 얼마간 지나감을 구경한다. 엄마와 나는 이 기차를 탔고, 각자 눈에 담은 세상이 달랐다. 당연히 난 사랑이었다. 또다시.

  방콕은 무척 덥다. 오늘 기온은 34도였다. 민소매에 얇은 긴팔 가디건을 입은 나는 더위에 기분이 삼켜졌다. 사람들은 많지, 날씨는 덥지, 앞에 가야 할 길은 보이지도 않지, 길은 좁지. 온갖 나의 짜증이 모아지던 찰나. 가이드분께서 미리 에어컨이 기차 안에 없다고 말씀해주셨기에 망정이지 안 그랬으면 한국 욕을 전세계 사람들에게 선보일 뻔했다. 부리나케 자리를 찾은 엄마와 나는, 햇빛이 비치는 창가 자리에 앉았다. 내 앞에는 4-50대 되어보이는 프랑스인 커플이 앉았고, 통로에는 영국 혹은 미국 커플이 영어를 쓰며 서 있었다. 이 사람들의 사랑을 구경했다. 이 무더위 속에, 이들은 자신의 사랑을 지킬 수 있을 것인가. 내 관전 포인트는 [그럼에도 불구하고]였다.

먼저 바로 앞자리에 마주 앉은 프랑스인 커플. 남자는 끊임없이 여자에게 치댔다. 웬만큼 애정 표현 잘하는 사람이 자신 있게 도전장 내밀어도- 눈 하나 꿈쩍 않을 만큼. 차분하고 조용한 여자의 곁에서 끊임없이 말을 건다. 그리고 뽀뽀를 하기도, 포옹을 하기도, 손을 달라고 보채기도, 어깨를 깨물기도, 팔뚝을 쿡쿡 찌르기도, 그러다 팔을 스윽 감아버리기도 한다. 그러면서도 창밖의 모든 세상을 마음껏 즐기겠다는 듯- 핸드폰을 든 다른 한 손은 기차 밖으로 서슴없이 내민다. 그리고는 바깥 사람들에게 손을 흔들고- 하이파이브를 했다. 그걸 여자는 가만히 쳐다보다, 손을 꼭 잡더라. 이 무더위에 저들은 저렇게 붙어있어야만 하겠지, 저게 사랑이라는 거겠지, 화가 날 법한 온도에도 재기발랄한 그의 말투에 나까지 어이없어서 허탈한 웃음이나마 날 지경이었는데- 연인은 오죽하겠나 싶더라. 그럼에도 불구하고 이들의 사랑은, 뜨거웠다.

　다음 커플. 통로에 서 있는 두 사람. 키가 차이나는 두 사람의 간격이 한 뼘 정도 떨어져 있더라. 더워서 그런건가- 표정을 살폈더니 긴 생머리 여자가 불편해 보인다. 짜증보다는 체념에 가까운 더위 견딤. 이를 보고 남자가 조용히 자신 머리 위에 달린 선풍기를 알아챈다. 그리고는 용케 스위치를 찾아 작동에 성공한다. 여자의 얼굴에 미소가 잠시 걸리고, 남자는 그 틈을 타고 다정히 말을 건넨다. 여자는 웃으며 남자에게 대답한다. 이 둘의 온도는 저

만큼이구나. 더워도 내색 않으려고 노력하는 여자친구를, 남자는 소중히 대해주려고 더욱 내색 않고 무언가 필요한 것을 알아채는구나. 그럼에도 불구하고 이들의 사랑은, 따스했다.

이 두 커플을 바라보다 무심결에 엄마를 봤다. 엄마가 내 무릎에 햇빛이 비치자 동동거리며 어떡하냐고 울상이었다. 그리고는 자기랑 자리를 바꾸자며 엉덩이를 들썩들썩. 손으로 해를 가려보겠다며 애쓰다가, 자꾸만 새어나오는 빛에 가디건을 덮어주다가, "이러면 너무 덥지?"하고는 어찌할 바를 모르더라. 그 모습을 가만히 쳐다보았다. 그리고 나는 말했다.

"엄마, 나 안 더워. 괜찮아. 햇빛 안 세."

거짓말. 엄청 덥다. 햇빛이 쬐어 익어가는 내 한쪽 다리는 뜨겁다. 하지만 가만히 있었다. 그리고 내색하지 않았다. 그게 내가 엄마를 사랑하는 방식이므로. 좀 더 내가 불편하고, 엄마 신경 안 쓰이게 마음 편하게 해 주기. 눈에 빤히 보이는 거짓말 태연하게 하기. 그럼에도 불구하고 우리의 사랑은, 오늘도 차갑지 않았다.

지켜내는 사랑의 온도-
어려운 상황에서 드러나는 법인가 보다.

둔한 척 그만, 본격 예민한 사람 선언

나는 내가 둔한 줄 알았다.

나에게 거짓말쟁이였던 나날들을 뒤로하고 솔직해지는 중. "나는 예민한 사람이다." 라는 문장이 왜 이렇게 따갑고 아팠는지 모른다. 이젠 잘 말한다. 누군가 "혹시 좀 감정에 예민한 편인가요?" 한다면 끄덕거리고 하는 대답.

"네. 감정이 쉽게 파르르 떨리고 그걸 스스로 잘 알아채는 편이에요."

나는 진짜 무던한 사람이 아니었다. 스스로를 세상에서 지키는 방법으로 내가 그간 선택했던 건, 둔한 척하기. 본성 숨기기. 무던한 사람인 척 가면 쓰기. 이제는 예민한 나를 착실히 받아들인다. 그동안은 예민한 감정을 받아들였다면, 이제는 내 몸의 예민함을 잘 알아채고 있다. 몸의 유쾌와 불쾌의 경계- 몸의 어떠한 욕구를 스스로 예리하게 눈치챈다.

어떻게 알았냐고? 주기적으로 찾아오는 배 아픔을 이렇게나 겪어도 되나 싶을 정도로 이번에 겪었기 때문이다. 그리하여 나는 회사 반차를 내고 몇 년 만에 처음으로 침대에 누워보았다. 대낮에. 이러한 이유로 내가 반차를 내도 되는 거야? 하는 의문은 없다. 응, 나는 아파. 집에 갈래. 누울래.

이런 통증을 충분히 받아들이고 인정하고 누워있는 내가 오랜만이라서. 내 감정을 받아들이고 나니, 몸도 처음 겪는 일들 투성이다.

어렸을 때부터 자주 다쳤다. 운동에 소질이 없던 부모님을 닮았는지 달리기는 늘 꼴등. 언니 오빠는 검도에 태권도에 하고 싶은 신체 활동 학원을 잘만

말하고 가더만, 나는 그 학원 문 앞에서 늘 고개를
도리도리 저었다. 싫었다. 몸을 그렇게 왜 굳이 힘
빼며 움직여야 하지. 어릴 때부터 가만히 앉아 책
읽기만 주구장창 좋아했던 나. 덕분에 길을 걷기만
해도 어색한 몸동작으로 발을 헛디디곤 했다.

아직도 내 무릎에는 여덟살부터 지금까지 다친 상
처가 여럿 남아있다. 멍도 자주 든다. 팔목이나 손
등을 보면 어딘가는 늘 까져 있거나 죽 그어져 있
다. 누군가 그걸 발견하고 내게 묻는다.
"여기 왜 그래? 언제 다쳤어?"
내 대답은 늘 같았다.
"몰라. 나 언제 다쳤지? 안 아팠는데."

사실 아팠나보다. 그걸 애써 모른 척, 통각을 뇌로
덮어버렸나 보다. 아주 사소하게 변하는 신체의 변
화를 이제는 잘 알아차린다. 그래서 약간 아프면 바
로 내게 컨디션을 묻는다. 스스로. "아파? 집에 가
서 쉴까?" 옛날에는 0퍼센트로 체력이 소진되기 전

까지 견뎠다.

[50퍼센트 체력이 남았을 때, 인정하기.]

이게 내가 최근 실천하고 있는 내 신체의 예민함 인정하기, 불쾌한 지점을 넘지 않는 방법이다.

사소한 신체 변화, 잘 알아채는 거 하나 더 있다. '소화'. 약간 더부룩하거나, 조금 입맛이 없어도 금방 음식을 놓는다. 옛날에는 그래도 눈앞에 있는 음식이 1인분이니 다 먹고 나서 그다음에도 괜찮은지 두고 보자. 설마 이걸 먹는다고 이 정도에 뭔 일이 나겠냐는 대책 없는 마음이었다.

이제는 점심을 조금 많이 먹거나, 혹은 같은 양을 먹은 것 같은데 좀 더 소화가 잘 안 되는 것 같으면 메뉴를 되돌아본다. 그럼 꼭 밀가루나 튀김 음식이 껴 있더라. 그래서 매일 저녁에 주로 먹던 메뉴인 라멘, 떡볶이, 칼국수를 애석하게도 떠나보냈다. 너무 먹기 싫지만- 맛이 없지만- 꾸역꾸역 몸에 좋겠지, 그리고 잘 때 속이 불편하지 않겠지 하며 샐러드를 먹는 날이 늘어간다.

　물론 매일 하기는 힘들다. 이러다 신나게 약속이 잡힌 날에는 술도 먹고 매운 닭볶음탕도 먹고, 그렇다. 하지만 그다음 날에는 몸 속 균형을 맞추겠다고 샐러드를 먹으려고 노력한다.

　아, 내 몸 받아들이니 미각은 좀 고생이다. 맛있는 걸 억지로 떠나보내는 사람의 슬픔, 매일 먹방 영상 보며 침 흘리는 중. 심지어 나는 솔로 보다가도 데이트하러 나갈 때 음식만 본다. 저거 ⋯지금 먹고 싶은데, 하면서.

　마지막으로 하나 더. 운동을 무엇보다 싫어하던 내가 억지로 에어로빅 같은 몸부림을 시간 날 때마다 하고 있다는 것. 집에 매트를 들여놓았다. 그리고 홈트 영상을 튼다. 매일은 못 한다. 제대로 따라 하지도 못한다. 길게도 못 한다. 그래도 화내면서 한다. 이렇게 내 멋대로 해도 되나 싶을 정도로 약식으로도 한다. 어쨌거나, 중요한 건 소화를 시키고 편안한 몸으로 잠들기 위해, 건강하기 위해 '운동'이라고 불릴 수 있는 땀 흘리는 행위를 시작했다는 것이다. 안 하면 더부룩하게 잠들고, 제대로 숙면 취하기가 힘들어지더라고. 오프라인의 친구들이 보면 박수칠 일이다. 정말, 진심으로, 운동 좀 하자고 온갖 보물을 다 줘도 도망 다니던 나였기에.

그저 나이가 들어서 그래, 네 나이 앞에 3자가 붙어서 그래. 너도 이제 철들었구나? 하고 주변 사람들이 웃으며 내 변화를 지켜본다. 그런 사람들 앞에 내가 할 말은 없다. 그저 맞다, 내가 늙었나보다-하고 맞장구쳐줄 뿐.

사실 그거 아닌데.
난 드디어 내가 예민하단 걸
온몸으로도 받아들인 것뿐인데.
그래서 내 몸을 신체로 아끼는 개념을
알아가는 중인데.

저, 감정도 몸도 다 예민해요!

그러니 이 글은 내가 나에게 말하는 셀프 판결문.

좋은 사람에게 생기는 안 좋은 일 앞에서

그 어떤 말도 듣고 싶지 않다.
위로도, 힐난도, 조언도.

그 어떤 마음도 받고 싶지 않다.
동정도, 분노도, 관심도.

 니체가 밉다. 고통을 껴안으라는 말같지도 않은
소리, 왜 하고 다녀서 감당못하는 사람은 루저처럼
만들어놓냐고. 꼭 고통은 나만의 것이어야 하는지.
남들에게 공평하게 주어질 수는 없는 건지. 내가 좀
잘 참는다고서니, 이만한 삶의 풍파를 또 새롭게 견
디라고 다양한 퀘스트를 던져놓는 신도 밉다. 신이,
하늘이 있다면 내게 이렇게 무심할 수가 없다. 그러
니 하늘도 그 무엇도 없는 것이다- 자조하며 친구

와인바 소파에 드러누웠더랬지. 뾰족한 내 분위기에 친구는 어쩐지 너와 말을 덜 해 찜찜했다며, 늦은 밤 나를 전화로나마 불러냈다.

아, 나 여기저기 찌를 연필심 같구나. 잘 깎여져버린.

찔린 게 나인 줄 알았는데, 내 뾰족함에 남들이 찔리면 영문도 모르고 아프겠구나.

오랜만에 상담 선생님을 뵈었다.

갑작스레, 하지만 정중히 또박또박 쓴 문자 안에 섞인 내 울음을 그녀는 쉽사리 알아챘나 보다. 원래 있던 다른 약속을 미루고 또다시 끼어든 내 삶, 기꺼이 손잡아 주었다. 오랜만에 본 선생님은 내게 무슨 일 있냐 물었고- 나는 답했다.

"선생님, 제가 딱 한 번만. 아무한테도 안 한 얘기고, 앞으로도 없을 얘기거든요. 저는, 제 인생이 너무 버거워요. 버거워서 참을 수가 없어요. 이만큼 강해졌나 했는데- 강해졌기에 망정이지 저 정말로, 정말로⋯."

나를 다시 둥글둥글하게 다듬어 주세요.
깎지 말고, 여기저기 상처 내지 말고,
그저 쓰다듬어만 주세요.

상담 선생님께서 말씀하시길,
"또다시 우는 방법을 잊었네요. 여기서는, 안 그래도 괜찮아요. 억지로 웃지 않아도 괜찮아. 웃으려고 힘주어 올리는 모습이, 그게 너무 슬픈걸요. 그래서 걱정돼요. 이건, 슬픈 일이니까요."

울어도 되냐, 나는 물었고 그녀는 이리 오라며 두 손을 뻗었다. 다시 물었다.
"울어도, 제가 여기서 울면, 이 문을 못 나갈까봐 무서워서요. 저 울어도- 집에 갈 힘이 남아 있을까요?"

껴안기도 벅찬 아픔, 나는 또 나여서 겪어내야만

하는 건가. 내가 뭐라고. 나만. 왜 맨날 나만. 다른 사람들은 잘만 살아가던데. 내가 세상에 뭘 잘못했길래. 얼마나 무슨 행동을, 더 했어야 하는 거야. 만약 그때, 그러지 않았더라면. 그 사람을 만나지 않았더라면, 그 자리에 나가지 않았더라면, 나를 더 지킬 줄 알았더라면… 내가 나이지 않았더라면, 그랬다면,

입술을 깨물고 선생님 옷에 눈물이 묻을까 걱정하는 귓가에 들리는 목소리.
그건, 딱 하나.
내가 그렇게나 듣고 싶었던,
딱 하나의 꼭 맞는 마음.

"그건 그냥 벌어진 일이에요.
그냥, 벌어진 일. 누구에게나 일어날 수 있는."

나 때문이 아니라, 그냥 벌어진 일.
나만 책임지고 아파야 하는 게 답답하고 억울해,

참을 수가 없어. 그래서 나를 파괴하기로 했는데,

"그리고, 살아줘서 고마워요. 여기까지 와 줘서 너무 고마워. 얘기해줘서 고마워요."

그래요 선생님? 이런 저라도, 살아도 괜찮아요?

저는 제가 삶에, 이미 어떤 선을 넘어버린 것만 같아요.

삶은 늘 예상치도 못한 일이 일어나고, 나는 그냥 겪어내야만 했는데,

근데 다 겪어내고 나면 늘 나만 더럽혀진 기분이야.

이렇게 탁해져버린 사람도, 매일 나를 실망시키고 사는 사람도,

나인 채로 살아도 괜찮은 거예요? 나는 나를 용서할 수가 없어.

겨우 이런 내가 되려고 그동안 열심히 살았던 게 화가 나요.

내 모든 바른 시간이 다 물거품이 된 기분.

죽고 싶다는 말 단 한마디도 한 적 없는 나를 선생님이 금세 알아챘다. 채를 꺼내 얼른 나를 건져냈다. 어두움에 빠져 퍼덕거리는 나를 또 다시 안아주었다. 나는 검은물이 들까봐 걱정하는데, 신경도 않고 추웠겠다고 머리칼을 말려 주었다. 그 안에 기대어 숨을 쉬었다.

삶은 또다시 살아지는 것이-
나는 또 다시 오늘을 살아내고 싶어서.
그럼에도 불구하고 오늘 본 꽃이 참 예뻐서.
언젠가 오늘의 나조차 껴안으려고.
내가 맞이할 나를 사랑하려고.

문을 닫고 나왔다. 다음주에 또 보기로 했다. 선생님이 단 한마디도 하지 않았는데, 마음속에 문장이 들어와 앉았다.

"좋은 사람에게 생긴 불행한 일에 흔들릴지언정, 그저 나로서 나를 껴안아주자. 나라도 껴안아주자.”

　아, 알았다.

　선생님이 내민 손에 쓰여져 있었나보다. 품 안에서
심장과 심장으로 대화를 했나보다. 마주치는 두 눈
은 분명 같은 말을 하고 있었을 것이라 자부한다.

나를 내치지 않고,
나라도 나를 어여뻐해 주기로 했다.
세상 속에 놓여진 내가 애틋하고 안쓰러워서.
바르게 살아간 어제까지의 내게 고마워서.
내가 아까워서. 나는 좋은 사람이라서.

　오늘의 나를 내치지 않기로 했다.

　불행한 일을 겪을 때 가장 쉬운 일은, 나를 버리
는 일이었다.

　이제, 나를 버리지 않기로 했다. 꼭 챙겨서 나를 삶
속에 다시 놓기로 했다.

불행한 일은 불행한 일로, 슬픔으로 감싸보기로 했다.

　승화시키던 불태워버리던 그 무엇이든지- 일단 나로 살아보면서 결정할 것이다.

아름다움 앞에 마음이 어딘가 묻어나고

말도 안 되는 슬픔이 덮쳐오려나
감정을 꺼놓고 로봇처럼 걷던 며칠

지하철 출구 꽃집 앞에 섰다.
남에게 꽃다발 선물, 그렇게나 좋아하면서
나한테는 단 한 번도 준 적 없었구나-

쨍한 노란잎이 촘촘히 줄 선,
말려 올라갈수록 연보라물 선명한,
내 침대보만큼 맑은 분홍의,

몇 송이 골라 신문지에 싸달라 부탁했다.
하늘에서는 눈인지 비인지 모를 것이 내렸고
나는 아름다운 존재들과 함께 밤을 걸었다.

그럼에도 불구하고, 난 오늘마저 사랑할 수 있을까

예쁘다. 향기로워
눈물나게 아름다워서
덕분이야. 되뇌이며
집에 타박타박 들어갔다.

키보드 앞에 화병을 두고
매일 아침저녁으로 물을 갈아주고 있다.
이상하게 나 같아서, 요상하게 애틋해.

언젠가 꼭 질 테지만
오래 내 방에서 함께 눈 맞추어 주었으면 좋겠어.
그리고 앞으로
마음이 아픈 날에는
나를 위해 꽃을 사 주렴, 얘야.

그러니 나를 사랑하는 모든 이여
다른 무수한 아름답다는 말 대신

조용히 건네주세요,

그럼 고백인 줄 알 테니.

오늘 기분 좋아도 돼?

오늘 기분 좋아도 돼? 물었고
내가 답했다.

그래도 돼.

이유 없이 하늘이 예쁜 날이 있다. 사람들이 그렇
게나 싫어한다는 월요일 아침인데도 선뜻 눈이 떠
졌다. 계란후라이 두 개 중 하나를 반만 먹고 남겨
놓았는데도, 배가 불렀고. 출근 버스에 사람이 웬
걸- 평소보다 북적였다. 지정석처럼 앉던 맨 뒤 창가
자리에 못 앉았다. 그랬더니 오늘따라 웬일로 따가
우리만치 비추는 햇살을 피했네. 신통방통하다.

새로이 만나는 얼굴들이 귀여워서, 시작하는 자들의 긴장이 간지러울만큼 예뻐서 웃었다. 그랬더니 날 쳐다보고 가만히 눈을 맞추며 웃어주었다. 오랜만에 만난 자들은 반갑다며 스스럼없이 내게 안겨왔다. 나도 같이 꼭 안아주었다. 폭 담기는 온기가 따뜻했다.

동료가 메신저로 아프다고 하기에 무슨 일이냐며 물으러 갔다. 괜찮냐며 도라지차를 건넸다. 그녀는 젊은 애가 이런 걸 잘도 챙겨먹네- 농담하며 내게 물었다.

"어때, 오늘? 좋아?"

고개를 끄덕였다. 좋아요.

그랬더니 아픈 본인 머리를 붙잡고 힘없이 웃으며 내게 하시는 말씀.

"그래, 그렇게 좀 웃어라 늘. 얼마나 예뻐. 난 네가 늘 그렇게 웃었으면 좋겠어. 올 1년."

점심 식사하러 구내식당. 얼른 오라 보채는 사람

들. 나와 얘기를 나누다 줄을 놓칠 뻔한 누군가. 그리고 오늘 어땠다는 감상까지 야무지게 털어놓는 이들. 매일 볼 수 있어 기분이 좋다는 말을 들었다. 누군가 내 옆에 앉았고, 그 자리에 자기가 앉고 싶었다며 부러워했다. 내 곁에서 밥을 먹는 게 좋은가 봐. 카레를 싫어한다. 같이 나온 젤리도 무척 싫다. 하지만 끝까지 다 먹었다. 뭐, 오늘은 그러고 싶더라고.

정신 없이 일하고 퇴근길. 무얼 먹을까 고민하다 마라탕을 생각해냈다. 달랑달랑 포장된 봉지를 손에 들었다. 가뿐하게 걸어 집에 왔고. 오자마자 배고파서 얼른 꺼내먹었다. 욕심내서 많이 담았나 싶었는데, 다 먹었다. 하루가 꽤 힘들었나 보다.

화장실 청소를 하다가 떠올랐다.
"노래 없이 청소 싫어하는데, 오늘은 왜 필요가 없지?"
금세 알았다. 마음 속이 노래로 가득했기 때문이

다. 흥얼거리는 조용한 노래는- 귀 대신 다른 곳이 듣는 것. 음표가 둥둥 떠다니는 몸이다. 깨끗해진 화장실을 뒤로 한 채 나왔다. 화장실에게서 이긴 기분이야. 락스를 든 늠름한 장군 같은걸!

어제까지 새침하고 무력한 사람이었는데 왜 오늘은 기분이 좋아졌을까.

옛날에는 '왜'가 그렇게 중요했다. 그래서, 그러므로, 그런 이유로 같은 말이 필요했다. 내 기분은, 나의 하루는.

오늘은 '왜'가 필요없다. 알고 싶지 않다. 이미 충분히 아는 것 같기도 하다.

어제의 내가 묻겠다.

"그렇게 우울하다고 난리부르스를 치더니, 이렇게 금세 괜찮아질 거였어? 네 행복이 진짜인지 아닌지 다시 생각해 봐. 그거 가짜면 너 지금 무언가 회피 중이라는 뜻이야."

오늘의 내가 답하기를
"조용히 해. 눈치도 없니, 너는?"

나는 사회성이 뛰어난 사람이기에 눈치를 보기로
했다.
내 눈치, 오늘의 눈치.
그러니까 오늘은- 그래서, 그러므로, 그런 이유로,
그냥. 그냥 기분이 좋은 하루다.

사
랑
을

안쓰러운 사람을 보면 안아주고 싶다.
그게 내 사랑의 시작이 될까.

사랑하는 존재들의 아름다움

나와 비슷한 나이지만, 먼저 결혼하여 임신한 친구가 있다. 그 친구가 말하기를
"내 인생에 가장 잘 한 일은 결혼이야."

또렷한 눈길, 확신을 가진 사람에게서 나오는 단정한 웃음이 예뻤다. 그 순간- 참 사랑스럽다 생각했다. 파항항 웃으며 부끄러운지 살짝 빨개진 볼과, 그에 반대되는 명료한 말의 어투. 그건 사랑이었다.

부모님 댁에 내려갔다. 앞마당에서 아빠는 낚싯대를 손질하고, 엄마는 그 옆에 아빠를 보며 서 있다. 무언가 끊임없이 집중하는 아빠에게 말을 걸 수 있는 사람은, 세상에 엄마밖에 없다. 그리고 그런 사

람에게 유일하게 웃어넘기며 자신의 일을 주저없이 그만할 수 있는 아빠도— 엄마에게 유일하게 자꾸만 장난 치며 말을 걸고 싶은 사람일 터. 신경질내는 것 같으면서도 결국에는 서로 웃어버리는 웃음이, 청춘이다. 그리고 삶의 청춘이 가득한 순간을, 나는 사랑이라고 명명한다.

사랑은, 삶에 은은한 향을 가득 품은 디퓨저를 하나 놓는 일. 뜨거워 속절없이 끌렸던 순간이 지나도 끊임 없이 비워지지 않도록 최선을 다하여 지켜내는 향기 같은 것. 그리하여 나에게 언제나 솔직해야만 하는 표현의 마음.

그럼에도 세상을 사랑하여, 사람을 사랑하고자 한다. 그리하여 나를 사랑하고.
"후회 없는 사랑이라는 건, 참 상쾌하구나."

집에서 보는 하늘이 제일 예뻐 네게 꼭 보여주고 싶었다는 엄마가 내 팔을 끈다. 함께 눈부신 하늘을 쳐다보았다. 나는 여전히 아름다운 것에 면역이 약해, 눈을 내리깔고 말았다. 그렇지만- 그래도 엄마 옆에 가만히 서 있었다. 그게 내가 표현하는, 엄마에 대한 사랑이기에. 몇 초간 하늘을 보더니- 엄마가 바깥 날씨가 참 춥지? 하며 꼬옥 안아주었다. 나는 말했다.

"아니, 괜찮아. 하늘이 참 예쁘네. 겨울 아침 공기가 상쾌하다."

낚싯대를 길게 늘이고 이건 15년이나 되었다며 자랑하는 아빠가 왠지- 나를 결국 집 안에 집어넣고 아빠 곁을 떠나지 않는 엄마가 왠지- 예쁘다. 그리하여 나도 예쁜 존재가 된다. 사랑하고, 사랑받는 사람들은 모두 예쁘다.

나는 오늘도 명료하게 아름답다.

서툴러도 일단 사랑

사랑에 서투르다. 어떤 온도의 마음이 사랑인지 분간하기 쉽지 않기 때문이다. 그저 덤벼들던 내 스물 몇 살의 시절인연은 모두 사랑이었을까. 탐구하는 자세의 사랑이란, 사실은 가장 필요하면서도 쓸데없는 시간인 걸 깨달은 어느 날부터 인정하게 됐다. 나는 로맨틱 코미디나 멜로의 여자 주인공이 될 수 없게 타고난 사람이라고. 요리조리 뜯어보기 바쁜 여자 앞에 나타날 남자 주인공은 없기에.

내가 원하는 사랑의 모양과 크기는 디즈니 영화 시작에 나오는 성이었다. 환상적이고 푸른, 견고한 모양새. 반짝거리는 샹들리에 아래서 아름답게 웃

으며 춤을 추고 있을 것만 같은 무도회. 그런 무도
회장의 뜨거운 공기 속 마주치는 두 눈길. 내일은
모르지만서도 영원하고 꽉 찬 미래를 약속하는- 해
피 에버 에프터나 10년 후 같은 에필로그가 잘 어울
릴 수줍은 웃음들. 애니메이션으로 다진 판타지 로
맨스가 환상일 뿐이라는 건, 첫 연애를 하며 금방
알아챘다. 한껏 가볍고 야하기만 한 연애라는 장르
는 내겐 실망뿐이었다.

　그래서 시작했다. 연애와 사랑의 분리.
　결국 난 마음 한켠 늘 차가운 연인이 되고 말았다.

　웃기게도, 연인과의 관계가 쉬워졌다. 사랑을 찾
으려고 애쓰지 않는 여자를 세간에서는 '쿨하고 현
명하여 남자친구를 믿는, 좋은 여자친구'라고 부르
더라. 지나쳐가는 남자친구들이 나를 칭찬하며 좋
아할수록, 나는 사랑의 관찰자가 되어갔다. 턱을
괴고 네게 사랑의 크기와 형태를 꺼내 보이라 하는
데- 이런 나를 왜 좋아하는 거지. 그러다 누군가 내

삶에 깊숙이 들어오는 순간이 있다. 사랑이란 게 제멋대로 되지 않는 거란 걸 알면서, 나는 그 아득하고 뜨거운 하트를 있는 힘껏 식혔다. 사랑받지 못하는 기분이 든다며 칭얼거리는 사람들에게 그간 삐걱거리는 진심을 보이기 싫었나보다-며 지금에서야 이해하는 그 시절의 나. 결국 결혼 앞에서 이별을 선택한 나는 어느 날부터 그런 나를 경멸했다. 미치도록,

내가 미워서
못생긴 마음을 가진 사람은 사랑할 자격이 없어, 하고
스스로 연애 자격을 박탈시켰다.

아무도 사랑하지 못해서, 많이도 아프게 했다. 그렇게 스스로 미친 듯 할퀴다 보니 곪은 상처가 터졌다. 병원에 갔고, 상담도 받았다. 가족을 사랑하고, 나를 사랑하고, 삶을 사랑하고, 오늘을 사랑하기까지 참 많은 시간이 걸렸다. 여전히 사랑에 능숙하지

못해 나는 누군가 진심 어린 마음을 건네면 얼어버리고 만다. 하지만 도망치지 않는 방법을 배웠다.

　내게 '사랑한다.'고 표현하는 수만 가지의 눈길, 시간, 잎사귀, 바람 앞에 눈부신 채로 그저 서 있기.
　감정이라는 건 참 소중한 거야, 되뇌이며 미소를 띠고서.

　세상이 달리 보인다. 마음의 사춘기를 겪어낸 나는 이제서야 서툴러도 괜찮은 게 사랑임을 안다.

그런 내가, 서투른 내가, 사랑을 시작하려 해.
심장이 흐물흐물해.
때때로 긴가민가해.
그래도, 그냥, 일단,
사랑에 용기를 내.

사랑이 많은 나를 사랑하여

갑자기 생각하게 됐다.

나는 그저 사랑이 많은 사람이 아닐까.
애정결핍이 아니라.

하루죙일 뒹굴거리다 억지로 쓰레기 봉투를 사고 잠옷 차림으로 후딱 들어오는 날– 귀찮다며 씻지도 않아 꼬질꼬질한 몸. 평일이라면 건물 안에 갇혀 몰랐을 따스한 햇살이 비치고, 이어폰조차 가지고 나오지 않았던 순간. 주변 시장에서 물건을 사고 파는 사람들의 떠드는 소리가 복작거리는 시간.
어느 10월의 일요일 오후.

나를 괴롭히는 건 언제나 나였다.

사랑, 마음, 감정에서는 특히 더.

28년동안 내가 내게 내린 병명은- 애정결핍이었다. 그리고 한 번도 마음 바뀔 일 없이, 굳건히 믿었다. 사랑과 애정, 사람 간의 마음에 늘 약했기 때문이다. 늘 내 모든 문제는 거기서부터 시작이었다. 술에 취한 어느 날 밤- 곁에 있는 사람을 그저 붙잡아두고 싶어 '사랑'이라고 코팅해버린 성급한 취기. 친한 친구로 이미 한 켠을 내어준 누군가가 상처 내던 손을 견디던 내 가슴- 그리고 그 모든 걸 특별한 우정이라고 섣불리 떼어놓지 못하던 미적지근한 나의 태도.

부단히 노력했다. 사랑스러운 막내딸이, 활발한 친구가, 싹싹하고 살가운 직장 후배가, 다정한 인생 선배가 되고자 최선을 다했다.

그리고 남은 기력이 없어진 나는 스스로에 줄 애정의 샘 저 밑바닥은 가뭄이 일었을 것이라 당연히 생각하는 것이다. 그렇기에 내 마음 같은 건, 쳐다볼 생각도 없이 살았다. 그러면서 스스로를 애정결핍이라 느꼈다. 남들에게 과도한 마음 표현, 칭찬, 예쁜 말들을 골라하려고 애쓰는 내 모습은 마치- 아무도 시키지 않은 극에 오른 어릿광대와 다를 바 없었기 때문에. 꼭- 스스로 채우지 못하는 사랑 항아리를 남에게 막아달라 칭얼거리는 콩쥐같잖아. 자조했던 지난 날들.

　그랬던 내가, 별일도 없이- 아무 사건 없이- 깨달은 바 없이- 그저 느끼게 됐단 말이다.

　나는, 어쩌면, 잘못된 진단을 받은 환자가 아닐까 하고. 사실 나는 애정이 궁핍해 밖에서 구걸하는, 사랑 고갈 환자가 아니었을 수도 있겠다- 하는 생각. 의사도 나고, 환자도 나기에 나는 내게 묻는다.

　'너, 진짜 아픈 것 맞아? 마음이 아픈 애 치고는 들려오는 말들이 심심치 않던데?'

　돌려 감기를 해봐야겠다.

전 날이라면 뭔가 단서가 있을 수도 있다. 나도 내가 왜 갑자기 이렇게 느끼고 있는지 궁금하단 말야. 재빨리 어제를 회상한다. 어제는- 몇 년동안 알던 친구의 결혼식 날이었다. 지난 술자리에서 갑자기 취한 나를 다들 걱정하며 결혼식을 축하해주러 몇몇의 지인들이 모였다. 아름다운 신랑과 신부가 꼭 서로를 닮은 미소를 지으며 행진을 하고- 나는 그들의 퇴장을 핸드폰에 담는다.

그러다 이야기를 들었다. 지난 단체 술자리에서, 내가 옆에 있던 여자 동생을 그렇게 끌어안고 있었다고. 그렇게 '만질 수가, 만질 수가' 없었다는 부끄러운 이야기. 맞아, 나도 어렴풋이 기억난다. 유달리 귀엽고 챙겨주고 싶은 여자 친구가 있기에 쓰담쓰담을 여러 번 해주었던 것도 같고 어깨를 토닥였던 것도 같고. 너 예쁘고 소중한 존재라며 눈을 맞췄던 것도 같다.

그게, 뭐?

불과 며칠 전이었다면 또다시 그놈의 '자기혐오

동굴'에 들어가야 할 내가 두 손을 어깨 높이로 든다. 그리고 어깨를 으쓱, 하고는 만다. "또 다시- 누군가를 불편하게 만들고 말았어."라는 이름의 자기혐오 동굴은 불을 켤 수 없다. 왜냐하면 나, 그 친구에게 어떤 말을 들었거든, 이미.

"언니는 애정을 잘 표현하는 사람이라서 참 좋아. 나를 이만큼 사랑해주는 게 느껴져서 좋아." 라고.

아아, 또. 또 있다. 비슷한 말 또 들었다.

"너는 그간 함께하며 비타민 같은 존재였달까. 우리 팀에 활력이 되어주었어. 늘 밝은 얼굴로 분위기를 띄워줘서 고마워."

그리고- 또 무슨 말도 들었냐면

"너는 늘 누군가에게 최선을 다하는구나. 주저 없이 네 마음과 사랑을 그대로 드러낼 수 있는 게 난 멋지다고 생각해. 자존감 없으면 못할 것 같거든. 나라면- 그렇게 자신 있게 날 사랑해달라는 말이라던가 네가 마음에 든다, 착하다, 예쁘다는 말 같은 거 쉽게 못할 것 같아."

그러고 보니, 되감기를 하다 보면- 나 저런 말 수
도 없이 들었다. 분명히 어렸을 때부터 성장하며 성
격이 무척 많이 변했다고 생각했는데, 심지어 최근
6개월간은 나 자신이 아예 깨 부셔지고 다시 조립하
는 기분조차 들었는데, 그 꼬꼬마 시절 옛날 옛적에
도 재조립되어 더욱 무적이 된 지금도 내가 듣는 말
은 비슷하다.

"너, 밝아서, 사랑을 표현할 줄 알아서, 맑아서, 칭
찬을 잘 해서, 잘 다가가서, 대단해."

계속 들었던 말이고, 수도 없이 했던 경험인데 받
아들이는 기분이 다르다. 이전이었다면- 또 저 사
람들 굳이 내게 할 말 없어서 저런 말 억지로 한다
고 생각하거나 저렇게 말 해놓고 집에 가서는 나 시
끄러웠다며 욕할 거라고 꼬아서 생각했을 터. 왜 스
스로를 꼬게 되었냐 묻는다면 - 칭찬을 곧이곧대로

못 받아들이냐 화 낸다면- 양해를 구한다. 나는 내 마음이나 감정을 꾹꾹 누르며 통제하던 마음 속의 아이가 무척 힘이 셌기 때문이다.

"어딜, 그런 칭찬 받았다고 기분 좋으면 안 돼지! 넌 좀 조용해질 필요가 있어. 다 네가 시끄럽고 나댄다고 하는 말이잖아. 그러니 너 저 칭찬 진짜로 듣고 방방 뛰면 안 된다?"

그렇게 마음을 막던 마음 속의 프로 통제꾼은, 약간 힘을 잃었다. 정확히는 마음의 권력이 기울었지. 이제 내가 더 귀하고 존중하는 쪽은 통찰하는 네가 아니라 누군가의 웃음을 기쁘게 받아들이는 나이기 때문이다.

아, 그래서 그렇구나. 나 이제 알았다.

나는 애정결핍이 아니라
그냥 사랑이 많은 사람이 맞다.

그동안 억눌러왔던 통제꾼이 스스로에게 최면을 걸었던 거다.

"너 다른 사람들에게 그렇게 웃으면서 마음 다 주고 사랑한다고, 좋아한다고 표현하다 보면 언젠가 크게 다친다? 너 옛날에 그런 적 많았잖아. 그러니까 내 말 들어. 너 그렇게 사랑 퍼다주는 버릇 갖는 거 아니야. 왜냐하면 어, 너는, 그래. 너 애정결핍이야. 네가 주는 애정은 모두 네가 돌려받고 싶어서 떼쓰는 5살 아이의 애정 투정일 뿐이야. 너 딱 고대로 돌려받지 못하면 얼마나 아파하니?"

나 이제 최면에서 풀려났다.

그래서 오랫동안 최면을 거느라 팔에 쥐나도록 목걸이를 왼쪽 오른쪽으로 흔들며 시선을 빼앗으려는 마음 속의 아이에게 말한다.

"나 괜찮아. 네가 그동안 나를 지키려고 애써 준 거 알아. 고마워. 덕분에 이 나이 되도록 위험한 일 겪지 않고 잘 살았어. 안전했거든. 네가 만든 마음의 집이."

근데 말야- 나 이제 그 마음의 집 필요 없어. 그 안은 너무, 어두워.

나 아파도 돼. 나 다쳐도 돼. 사랑 표현한 거 안 돌려받아도 돼. 안전하지 않아도 돼. 다칠게. 그리고 상처에서 회복하는 법을 천천히 배울게. 그러니까- 나 이제 원래 많은 사랑을 갖고 태어난, 사랑의 그릇이 무척 가득차게 큰 사람이라는 거 알게 해주라.

통제하던 아이가 손을 슥 내린다. 그리고 나를 보며 조심스레 묻는 거다.

"너 진짜, 상처받고 아파도 괜찮겠어?"

응. 나 진짜 괜찮겠어. 안 괜찮으면 그때 와서, 네가 호되게 나 회초리로 치던 것처럼 다른 사람 앞에 대고 욕해줘. 그 사람이 정말 별로인 거라고. 나 네 옆에 기대어 후엥 하고 소리 내어 크게 울게.

그래 줄거지?

응. 그렇게 할게.

너도, 고생 많았어.

너도. 너도 힘들었겠다. 말해줘서 고마워.

그렇게 사랑이 많은 사람이라는 마음의 불이 켜졌다.

예쁘기도 하지, 나.

갑자기 생각하게 됐다.

나는 역시, 사랑이 많은 사람이다.

내 삶에 들어오고 싶다고? 너 뭔데?

안쓰러운 사람을 보면 안아주고 싶다. 그게 내 사랑의 시작이 될까.

말을 걸고 싶은 눈동자가 있다. 가여운 책임감에 짓눌린 찰나의 눈길을, 나는 외면하지 못한다. 저렇게 날 알아달라고, 안아달라고 애쓰는 외로움을 다른 사람들은 알면서 모르는척하는 걸까, 나만 알아채는 걸까. 내가 미련해서 그들에게 손을 뻗는 걸까. 내가 손을 뻗는다고 이 사람들의 시린 현실이 나아질까, 그럼 나는 그 사람들에게서 무얼 얻고자 하는 걸까. 이 모든 일련의 과정을 '연민'이라고 부르는 건 아닐까- 이게 사랑이 되어도 되는 걸까. 내게 이롭고, 내가 원하던 사랑이 이게 맞나.

어느 날의 나 같아서, 쓰다듬어 주고 싶은데- 우정이라고 포장하려는 관계를 깨부수는 사람들이 있다. 마음 속에 억눌린 사랑을 어디로 내뱉을지 모르는 불안정함, 그래서 그 모든 응축된 감정을 연인에게만 쏟으리라 다짐했던 누군가의 삶에 내가 너무 쉽게 들어선 탓일까. '앗 뜨거워라.' 하며 늘 움츠리며 도망치는 나를 꼼짝 못하게 하는 것 또한, 그 열기다. 산뜻하고 점차 깊어지는 게 사랑이라고 정의한 주제에 난 뭘 또 그렇게 스스로를 양보하고 싶은지. 내 사랑이 불건강한 데에는 내가 그런 걸 찾기 때문이기도 한가 보다, 자책에 빠진 지난 며칠. 그리고 오늘, 단장된 마음.

내가 주저하는 만큼, 기다려 주어야지. 나는 대단하고 아름다운, 특별한 영혼이니까. 난 그저 내 몫의 삶을 살아내는데도, '좋은 사람'이라며 입이 마르게 칭찬하는 사람들 속에 둘러쌓인 사람이니까. 나를 제 삶 속에 넣고 싶다면, 누가 먼저 다가왔던 간에, 원하는 형태가 되어줄지 말지 고민하는 내 손을 힘 주어 잡아서는 안 되는 거야. 그럼 난 달아날 거야. 날 갈아넣기에는 날 사랑하는 세상이 이렇게나 따뜻한 걸. 사랑은 나 혼자 참아주는 게 아니라는 걸 알고 있거든.

아직 너, 부족해.

내가 느끼기엔 그래. 연인이라는 역할적 위치에 매몰되고 싶지 않아. 그래서 내게 넌, 아직 가벼워. 네 외로움과 사랑을 채우는 건, 나 하나의 희생은 아닐 거야. 은은하게 뿜어지는 내 긍정적인 순간의 결단력, 그럼에도 불구하고 가끔 흔들리는 의외의 연약함, 생각 외로 단정한 가치관 속에 놓인 내 인생의 빛일 거야. 속절없이 끌리기에, 아직 난 널 잘 모르겠어. 넌 날 알아? 알고 싶기는 해? 난 또다시 비뚤어진 눈으로 사랑할 수 없어. 그러고 싶지 않거든. 그런 시간은 불쾌하니까. 나는 나를 사랑해서, 불쾌한 순간에 날 놓지 않을 거야. 좋은 경험이었다며 손 탈탈 털 정도로 결단력 있는 거, 그래서 멋진 거, 그게 나야.

대신, 도망치지는 않을게. 솔직함도 배려라고 생각해. 나를 다 보여주었다며 혼자만 마음 편해하지는 말렴. 네 솔직함에 맞설 내 태도는, 관용과 포용이 아니라 마찬가지의 솔직함일 테니까. 그렇게 서로의 배려가 어떨지- 같은 결일지, 혹은 다른 결이지만 품어줄 만큼의 감정인지. 우리 견주어 보자.

그때까지만, 나 좀 미안하지만
널 내 선 밖으로 정중히 밀게.
그러니 좀 더 기다려 줘.
달려오지 말고,
걸어와 줘.

탐구정신, 사랑, 그리고 아까운 나

태국에서 다양한 사원을 보러 반일 투어를 신청했다. 잘 알아보고 역사도 이해하고 싶어서 한국어가 가능한 가이드를 만났다. 태국의 옛 왕조부터, 전쟁 발발, 이 유적지의 의미까지 빠삭하게 듣고 나서 마지막으로 기억에 남을 만큼 걸어다녔다. 여기를 오래 잊지 말자고.

머리가 댕강 잘린 사원에서 쓸쓸하다- 이게 인간의 본성인건가, 허무함 가득했다가 그런 모습마저 나의 일부가 될 수 있다고 고개를 끄덕거렸다. 어떤 사원 앞에서는 도대체 어떻게 저 꼭대기 위까지 동그란 모양으로 돌을 쌓아올린 거냐며 그 시기의 정약용 어디있냐고 농담도 했다. 현명하다고. 울퉁불퉁하게 굴곡진, 경사로에 놓인 탑 앞에서 함께 기우뚱 고개를 까딱하고 바라봤다. 처음에는 이렇게 곧게 올렸을거야- 만든 사람의 눈으로 봐 보자 하고. 하지만 고개를 들고 보이는 불규칙적인 세월의 흐름이 귀엽기도 하더라.

그러다 보니, 알게 됐다.
이 유적지 하나도 이해하려고 노력을 마다 않는데, 나를 알아보려고 노력 않는 사람에게 귀한 내 사랑은 줄 수 없겠구나.

누군가와 함께하는 삶이라는 건 내게 서로 노력을 다하는 것이다. 여행을 간다고 하니 여러 인연들이 연락을 해왔다. 몇몇은 조심히 잘 다녀오라는 안부 인사를 건넸고, 누군가는 참 부럽다고 마음을 표했으며, 어떤 이들은 지금 어떤지 알려달라고 했다. 이 중 내 마음이 닿는 곳은- 마지막 문장. 나의 정착지는 나의 지금을 궁금해하며, 같이 좀 보자

부탁하는 요청이었다. 주저 없이 네 경험을 공유해 달라는 그들의 시선이란- 얼마나 내게 따스함으로 맞닿고 있는지. 사진을 몇 장 찍어 보내주었다. 어떤 곳이라는 설명도 함께. 그랬더니 지금 부모님과 함께하는 순간, 넌 어떠냐고 물어왔다. 마음을 놓고 기분을 표했다. 그런 공유의 순간이, 내겐 참 따스했다. 누군가는 배려라고 이런 말을 했다. 자신에게 관심 쏟는 대신- 지금 삶의 우선순위에 집중하라고. 네 앞에 놓인 여행을 잘 보고, 몹시 집중하면 자신은 그 걸로 족하다고. 진짜, 진짜 그걸로 만족하니? 내가 되물었고 그렇다고 답하기에 되려 속이 상했다. 그건 내게 배려가 아니라, 무관심으로 읽히는 표현인 걸.

서로의 순간에 끊임없이 시간을 빼앗고, 탐구하고 싶다. 그걸 나는 사랑이라고 부르기로 했다. 유적지도 이렇게 관심을 쏟고 다리 퉁퉁 부어가며, 무슨 왕조의 몇 번째 전쟁이 끝나고 만들었는가 기억하려고 노력하는데. 이 30도 넘는 무더위에 땀을 흘려가며 힘주어 걷는데. 그럼에도 불구하고 나는 이 문화를 제대로 이해하고 있다 생각하지 못하는데. 그저 잠시 스쳐 지나갈 그들의 과거에 압도당하는데.

뾰로통한 내 마음이 사랑을 얼만큼 옅게 했다. 곧 넘어가는 노을 마냥 흐리멍텅해 졌을 때, 어차피 나 안 궁금할 텐데 뭐- 하는 마음으로 풍경 사진을 아무개 보냈다. '될 대로 되라지- 쳇.' 하며. 그 사람은 뿌듯하게 여행을 잘 다닌다고 답해왔다. 내가, 네게, 관심을 안 쏟는 게, 넌 뿌듯하구나? 네가, 내게, 관심을 안 쏟는 것도, 네겐 기분 좋은 일이었구나.

꽁해졌다. 내 마음에서 한 발짝 멀어지는 사람을 가만히 바라보았다. 이해하려 들지 않는 사랑은- 내가 원하는 종류가 아님을 그 사람은 알고 있을까. 모를까. 알고 싶기는 할까. 그저 덮어놓고 싶은 걸까. 그렇게 나도 약간의 호감을 뚜껑 닫는 중. 여전히 나는 닻을 내리지 못하는 마음 들고 다녀야 하는 보따리장수구나, 다시금 깨닫는다.

누군가를 힘주어 사랑한다면, 내 시간을 끊임없이 뺏어줘. 내가 보는 세계의 창 앞에 데려다 달라 투정 부려줘.

기꺼이 그 문 열어줄 테니.

나를 사랑하지 않는 순간

남이 나를 사랑하지 않는 순간을 잘 알아챈다. 날 점차 덜 사랑하게 되는 모습을 가만히 바라보고 있을 수 밖에 없다. 마음이 덜어지는 순간- 서늘해지는 자신의 행동을 상대방은 알고 있을까. 의도적으로 거리를 두는 걸까. 혹은 자신도 모르게 튀어나오거나 튀어나오지 않게 되는 모습인걸까. 어떤 쪽이든- 상처나긴 매한가지. 그런 사람을 경솔히 곁에 둬선 안 됐다며 후회하면서도, 자책하지는 않는다. 다만, 좋은 경험이 될 테지만, 마음이 아려서. 당분간 사랑과 비슷한 호감같은 것일지라도 화들짝 놀라 도망칠 준비를 한다.

예를 들면 이런 순간.

내 답장을 기다리지도 않고 자신이 아침을 먹었는지, 출근을 했는지, 무슨 힘든 일이 있었는지 조잘조잘 자신의 시간들을 남겨놓던 사람이 내가 답을 건네야만 겨우 하나 답장이 올 때.

피곤하니 먼저 자도 된다고- 나를 기다리지 않아도 괜찮다고 말해도 말을 듣지 않던 그 사람을 내가 기다리기 시작할 때. 아무런 연락 없이 자신의 삶에 충실할 때. 나도 모르게 익숙해진 그의 연락을 내가 졸린 눈 비비며 바라고- 그 사람은 다음날 피곤해서 잠들었다며 점심께나 알려올 때.

내가 무슨 일상을 보내는지 궁금해하지 않을 때.
내 이야기를 듣는 대신 자신의 감정만 와라락 쏟아놓을 때.
답장을 바라는 말투 말고 어디 의무감으로 올리는 보고서 마냥 신변 변화를 알려올 때.

나여서 사랑한다는 마음이 전혀 들지 않게 누구여도 대체될 것 같다 느껴질 때.

나는 내가 겁나는데. 너한테 너무 잘해줄 내 모습이 보여서.

마음의 경계를 굳건히 한다. 이런 나를 보고 주변인들은, 유미의 세포처럼 두 자아가 열심히 싸우고 있는 것 같다며 웃었다. 청춘이라며, 부러운 순간이라나. 지금 그런 고뇌를 즐기라더라.

고뇌같은 거 하나도 안 즐길거다.

평안하고 포근하여 깊은 사랑 앞에서 춤추고만 싶은, 그런 밤이다.

아- 외로워. 마음이 외롭다.

깊은 사랑 앞에서 산뜻하게 스윙 댄스를 추고 싶다.
붐붐거리는 시끄러운 음악은, 딱 질색이야.
내 템포에 맞추어 당신, 춤을 신청해줘.
그 자세로. 딱.

哀야, 너는 참 예쁘단다

나는 그토록 사랑하기를 바랐으면서
사랑이 남기고 간 아픔에는 이토록 도망치고 싶은지
껴안고 있는 마음이 너무 아파,
나는 어떤 글자도 엮지 못하고

언젠가 다 지나갈 가벼울 한 때라는 것에
더욱 웃기다 자조하면서
그대로 엎어져 땅만 바라보는데

이마저 사랑할 순 없으리라
반쯤 감기는 눈에 담기는
몰랐던 마음의 깊이란
심장을 수영케 해
그래서, 그래서 뛰는 거야.
그래서, 세차게 아픈 거야.
저도 모르는 곳에 다이빙한 박동

두근거림 얕은 물에 다다르면,

한바탕 잘 놀았다–
햇볕에 바짝 말린 제 몸, 남은 哀 털어낼거야
그리고는 멈추지 않는
수영을 또 시작하겠지

그러니 오늘의 아픔을 사랑해보자
愛야, 너는 참 예쁘단다
다만 앞으로 잊지 말아야겠지?
준비 운동과 허락.
그거면 돼
그래

哀 슬플 애

슬픔을 향하여, 경례

아픔에 면역이 없는 것을
자랑스러워해야하나
이만한 작은 상처도
이렇게 무거워
나는 숨을
찬찬히
골라

토닥
가슴께를
쓸어넘기며
내가 건네는 응원
무궁한 영광 앞에 나는
한 치의 거짓도 없었음을 맹세
그만, 다음은 슬픔의 노래 제창이, 1절만

사랑을 끝내는 사람의 자기방어

설익은 사랑 하나가 끝났다. 이별이라 붙이기에 단어가 거창한데, 초라한 것도 싫긴 해. 며칠간 생각해보니 나도 그렇다. 연민인지 우정인지 사랑인지 도통 분간이 안 가서, 사랑하는 여자로서의 태도를 전혀 취하지 않았다.

그런데 왜 후회하지 않는거야, 너.
그저 방어기제는 아닌거야?
스스로에게 묻는다.

내게 사랑은 이기적인 거라고 결론 내렸기 때문이다. 그러게. 어떤 감정이 뭉게뭉게 떠오를 것만 같으면 일단 시작을 소중히 하고. 그리고서 주변에 그 사람을 붙잡아놓고 내 마음의 모양이 어떤지 요리조리 살피고. 그러다 보면 상대에게 영향을 받는데- 그 상대가 주는 감정이나 상황이 날 여자친구 모드까지는 이끌어내지 못했고. 그러니 난 여자친구로서 어떤 행동이나 마음을 다하지 못했어도 후회가 없다.

본격 '남 탓 시전이냐?' 말한다면, 맞다.

네가 왜 알아서 러브러브 모드에 돌입하지 않았냐 묻냐면- 네가 먼저 연락한 거 아니냐며- 책임을 묻냐면- 그만큼까지 빠질 수 없던 이유란 게 있었겠거니. 하고 그만 생각하련다. 감정에 질문을 던지고 답하는 상황도 좀 웃기잖아. 그냥, 내게 하는 몇 가지 말이라고는

"너, 그래서 지금 결과에 후회 없니?"
"그간의 시간들 중 돌아가고 싶은 순간, 있니?"
하는 것.

응- 없어.

다만 모두 행복하자.

스쳐 지나간 사람일지라도- 나와 관련 있던 사람들은 언젠가 평안과 사랑 안에서 살아가길 바란다. 하지만 앞으로 적어도 100일간은 좀 머리도 아프고 길 가다가 똥도 한 번쯤 밟았으면 좋겠긴 하다.

난 뭘 얻었냐고?

그저 누군가의 시간 안에 살았던 순간이 청춘이라는 이름으로, 차곡이 쌓일 뿐. 뭘 꼭 얻어야만 하는 게 사랑은 아니므로.

아- 다음 사랑은 부디

마음은 무겁고 표현은 산뜻하기를.

마음은 가볍고 표현은 무거웠던 나날들에,

목요일 밤 11시의 막걸리 향 손키스를 달에 날리며 마무리!

스스로 소중히 여기는 사람이 사랑하는 방법

"사랑에 주체가 없어요. 또 자신이 사건에서 쏙 빠졌네. 그래서, 어떤데요 본인은? 그 사람 어떻게 생각해요?"

상담 선생님께 사랑이 어렵다 푸념했더니 들은 말.

오늘도 정답이십니다, 선생님. 그리고 학생은 여전히 답을 모르고요.

사랑, 하고 싶어서 했으면 좋겠다.

요새 내 고민이다. 일주일간 어찌 지냈냐는 선생님 말씀. 평안하게 지냈다는 대답, 그리하여 오늘은 무슨 이야기를 할까요 다시 물음. 그리고 내 대답은-

"사랑이요. 다가올 인연에 대한 이야기 하고 싶어요."

모순 투성이인 나를 사랑해줄 사람을 찾고 있다. 나를 온전히 이해받고 싶다. 100% 솔직한 본연의 모습을 사랑해주었으면 좋겠다. 하지만, 새로운 사람을 연인으로 받아들이기에 겁이 난다. 그래서 나를 좋아하는 사람이 생긴다면, 그 사람이 지속적으로 내게 관심을 표해준다면. 나는 겁이 날테고 무서워서 멈칫거릴 것이다. 그 사람이 내게 지속적으로 손을 뻗나 가만히 지켜볼테지. 그러다가 그 사람이 얼마간 기다려주면, 그럼 내가 마음을 열 것도 같다. 이렇게 말했다. 그랬더니 정곡을 찔렸다.

내가 없다고. 내 마음이 쏙 빠진 사랑이라고. 그리고 물으시기를,

"인생에 주체가 되는 건 소중하고 중요한 일이에요. 관계에서도 마찬가지고요. 누군가와 어떤 삶을 살기로 결정하는 과정에서 깊어지고, 책임감을 공

유할 수 있겠죠. 근데- 그러려면 서로 선택해야 하잖아요. 전 당신이 오늘 이걸 잘 생각해봤으면 좋겠어요.

'자신을 소중히 여기는 방법'이 여전히 어렵다고 했죠? 특히 이성 관계에 있어서 더더욱. 자꾸 끌려가는 것 같아서, 다양한 일이 벌어지고 그걸 혼자 감당하려고 했잖아요.

그게 첫 번째 단추가 될 거예요. 본인이 사랑하고 싶어서, 사랑을 시작하는 것. 그리고 유지하는 것. 그게 스스로 소중히 여기는 사람의 사랑이에요."

그러게요. 하고 머리를 쥐어뜯었다. 여전히 삶은 어렵고, 복잡하기만 해요. 남들은 쉽게만 살아가는 것 같은데- 저는 참으로 하나하나 모든 게 산같이 넘어야 할 것만 같아요. 푸념했다. 그러면서도 맞는 말들이라 그대로 껴안고 집에 왔다.

봄인가 보다. 최근 소개팅 해야지? 하고 물어오는 사람이 하나둘 생긴다. 이상형을 자꾸 말하라기에 나는 그간 위에 있는 바람들을 축약해 단어로 내뱉었다. 이런 것들.

1. (나를 온전히 사랑해줄 수 있을 만큼) 성숙한 사람
2. (사랑 앞에 두려워할 나를 북돋아 줄) 다정한 분위기의 사람
3. (끝까지 나를 사랑해줄, 도망치지 않을) 책임감 있는 사람
4. (사랑 근처를 서성일수록 어찌할 줄 모르는 나를 잡아 줄) 차분한 사람

사실은, 모두 한 마디로 바꿀 수 있다. "나를 계속 한없이 사랑해 줄 사람." 근데, 그것도 참 좋지만 지금의 내겐 도움이 안 된단다. '내'가 '생각하고' '느끼기를', '나의 기준으로' 좋은 사람을 선택하여 만나는 게 중요하다고 말한다. 남이 주는 애정이 따스해서, 그걸 사랑이라 착각한 적이 많다. 사실 내 모든 사랑은 그렇게 시작됐다. 그래서 그런 거다, 무릎을 치며 들어앉은 생각 하나. 그것은 스스로

가슴에 손을 얹고 하는 양심고백.

　나는 진심으로 누군가를 사랑해서 연애를 시작한 적이 없다.
　남이 주는 가벼운 호감 따위가 신이 나서, 그게 참 갖고 싶어서 휙 낚아챘지.

　그간 누군가에게 사랑받는 연애에 익숙했다. 그래서 내 연애는 기능적이었다. 내가 자신 있게 사랑에 빠졌다 자부한 적 없었으므로. 누군가의 사랑의 온기가 필요했다. 그게 내겐 연애의 형태로 다가왔던 거지.
　이제는 내가 사랑하는 사람이 되고 싶다. 내가 사랑해서, 자신 있게 일기장에 쓰고 싶다.
　[나 사랑하는 사람 생겼다. 그래서 그 사람이랑 연애를 시작해 보고 싶다.]

사랑과 연애가 분리되었던 사람은,
드디어 둘을 합쳐보려고 한다.

그 시작은- 내가 하고 싶어서 사랑하는 것.
사랑을 스스로 확신하여 연애를 선택하는 것.
남이 주는 것 말고, 내가.

사랑은 아닌 그 어떤 마음으로

건강하지 못하다 들었습니다
빨간 날, 심심함을 이기지 못해
부러 한 시간 걸리는 먼 공원에
사람 참 많고 시끄럽다- 되뇌며
어딘지도 모를 벤치에 앉아
어깨를 무겁게 했던 책을 꺼내
홀로 가장 조용한 공원을 품는 시간
나 몰래 지나가는 구름의 색 따위를

알면서도 눈 감는다 들었습니다
말도 안 트인 사내아이가
뒤뚱뒤뚱 나무 앞으로 돌진하여
그 부모가 머리 쿵 조심을 이르는
평안하고 따스한 가을의 사랑
돗자리에 앉아 서로의 곁에서
누구는 책을, 또 한 사람은 글을 쓰는

주말 한낮의 일상 따위를

버거운 소원을 빌었던 걸까요
신도 종교도 믿지 않는 한 생명이
당장 어떤 저녁을 먹어도
행복 하나 가득 차지 않을 것 같은 여인이
어쭙잖게 누구의 평안을 바란 것이

누군가와 함께라면 좋겠지만
그도 아니라면 홀로일지언정
사랑의 빈칸을 남겨두지 말아요

세상은 무엇이든 채울 수 있는 창고이고
담겨진 무력감은 뱉어내면 그만
사랑은 아닌 그 어떤 마음으로
편안하기를
다시 한번 공원의 찬 공기에 보내며

나는 평안합니다.

누군가 있고 없어도
사랑은 익명의 댓글 한 구절에도
빼꼼 숨어 있어 건져낼 줄 알고
아무도 말 걸지 않는 휴일에도
홀로 다정히 보듬어줄 줄 압니다

나는 나를
당신은 당신을
세상은 나와 당신을
사랑할 겁니다

사랑은 아닌 그 어떤 마음으로 나는
당신을
오늘의 글자를

사
랑
하
여

그래서 그 작은 마음을 눈사람 만들듯 조금씩
함께 붙여나가달라 내 앞 사람에게 부탁해보는 것

사랑을 무던히 노력하는, 당신에게

오랜만이에요, 당신. 잘 지냈어요?

오늘 밤 갑자기 당신에게 편지를 써야겠다 생각했어요. 좀 더 정확히는, 생각을 했다기보다 갑자기 운명처럼 확 스쳐지나갔달까. 당신에게 정말 못했던 말과 마음- 오늘 지금의 나라면 다 훌훌 털 수 있겠다 하고. 왜인지 알아요? 당신을 이제는 먼지 한 톨만큼이라도 사랑하지 않는구나- 나 확신하게 됐거든. 그래서, 그래서요. 그래서 당신에게 편지를 써요. 마음에 걸리는 것 하나 없이 상쾌한 바람 지나가듯 한 방향으로 훅 흘러갔달까. 그런 당신에게 난 어떤 할 말이 남아 문득 글을 쓰고 있는 걸까, 나도 내가 궁금하네요. 이 편지의 끝이 어디일지.

나더러 참 좋은 사람이고, 좋은 여자라 했죠. 남자들은 웃겨. 자기가 가지지 않을 거면서 상처 주기 싫으면 꼭 저런 문장을 뱉더라. 그 때 나 최악의 상태였던 건 알고 있죠? 내 인생에서 그보다 더 나쁘고 엉망진창일 수 없었는데, 그 때에도 나 꽤나 멋진 여자였나 보죠? 당신의 눈으로 본 나는 그래도 좋은 사람까지는 됐네요. 사랑이 못되어 그렇지.

　그런데, 당신이 어렵게 뗀 입술 사이로 새어나온 저 문장은 왜 그렇게 유달리 내 마음 안에 깊숙히 자리잡았을까. 저 문장이 꽤 무거웠네요, 내겐. 당신을 위해 가공된 여자가 될 수록, 당신은 고개를 도리도리 저었어. 그리고는 진심으로 미안하다는 눈짓을 보냈어. 그 모든 시간들이 비참해서 난 자책에 빠지기도 했어요. 서로가 곁에 있음으로 죄책감을 느끼는 관계라니, 그거 너무하잖아요. 그래서 내가 결심을 내렸고요. 당신 곁에 달랑달랑 붙어있겠다고 노력하던 손을 다시 가져가 버렸잖아요. 그 회수된 손길을 당신은 얼마나 고대해왔을까, 얄미워지려다

가도 난 자신만의 동굴에서 고통에 허덕이는 사람에게 내가 어떤 형벌을 더해버린건가 싶기도 했네요.

'좋은 여자는 나 왜 못 되는 걸까, 난 매번 왜 좋은 사람이기만 하는 걸까. 그건 내 매력이 떨어지기 때문인가 보다.' 그렇게 시작된 자기 단장은 부족함만 돋보이게 하는 거, 지금의 나는 알아요. 부들부들 떨면서 나 꽤나 괜찮은 여자라고 일부러 치마를 들추지 않아도 난 있는 그대로 예쁜 사람이라는 걸, 진심으로 받아들였거든요. 당신도 역할에서 벗어나 봐요. 난 내가 내린 나만의 형벌에서 벗어나 상쾌해졌으니. 나는 누군가의 여자친구의 역할을 수행하고 싶은 스물 아홉이 된 직장인이 아니고, 연애 말고 사랑을 하고 싶다며 소개팅하는 남자 앞에서 말도 안 되는 궤변을 늘어놓던 사랑 숭배자도 아니고, 그냥 나예요. 내 이름 세 글자. 나. 내가 나에게 역할 같은 거, 역할의 의무 같은 거, 굳이 지우지 않아도 되더라고요. 이 얘기를 왜 하냐면, 잔소리 겸 당신과 나누었던 주제의 답을 나 알려주고 싶어서요. 그래요- 기억나요? 사랑이요. 그렇게 찾아 헤메던, 사랑이요. 나- 사랑을 이해하게 됐어요. 부럽죠?

　아, 나 이제 왜 내가 이 편지 쓰고 싶었는지 알겠어요. 당신을 연민해요. 다만 당신에게 내 이야기 닿을 수 없기에- 이렇게 비겁하게 글로 남기는 거예요. 언젠가 당신이 혹여나 내 이야기가 아닐까, 의심하며 읽어주기를 바라면서. 연민이라는 단어 썼다고 혹시 화내지 말아요. 불쌍한 것과 결이 다르니. 내가 가진 연민은, 애정에 기반한 거거든요. 당신을 사랑해요. 음- 남녀사이 말고, 인간으로요. 복잡한 세상을 더욱 복잡하게 살아가는 비슷한 부류로서 느끼는 사랑이랄까. 당신이 그토록 외치던 인류애, 그토록 치워버리고 싶던 세 글자 이젠 내가 찾게 됐네요. 나, 세상과 사람을 사랑하거든요. 그래서 온화한 마음으로 당신을 사랑한다 말할 수 있어요. 한 인간으로서, 다른 인간에게 건네는 졸업 꽃다발이라고 생각해 줘요. 당신에게서 졸업하는 거야, 나.

내가 소화한 사랑은, 상쾌한 거더라고요. 나 요새 상쾌라는 말을 꽤 자주 써요. 그것 말고는 달리 설명할 기분이 없는걸.

깊지만 산뜻한 것, 그게 사랑이더라고요.
말로 정확히 설명할 수 없다면, 당신은 사랑을 이해한 게 맞아요.
나도 그러니까.

나- 어떤 남자 때문에 마음을 다쳤어요. 당신한테 그러고 보니 말도 했었어. 영화 보러 가기 전에, 서점 가던 길 있잖아요. 거기서 말했던 것 같아. 신경 쓰이는 남자가 있다고요. 당신은 그저 묵묵히 들어주었지. 난 그때에도 내 마음의 흐름이 이렇게 될 거라 알고 있었던 걸까요? 지금 생각하니 좀 웃긴 상황이네.

최근에 그 남자 때문에 상처받았어요.
마음이 찡-한 게, 아프더라고요. 그런 아픔을 나는 있는 그대로 마주했어요. 아프고 찌릿한 채로 좀 덜 말하고, 없는 힘을 일부러 내려 하지 않고, 차분해진 채로 하루를 살아냈어요. 그랬더니, 갑자기 알게 됐어요. 당신이랑 나랑 돈오점수 말하면서 눈 마주치고 깔깔 웃었던 거, 기억나요? 그 네 글자 같이, 나 갑자기 깨달았지 뭐야.

　내 모습 있는 그대로 상대방에게 확실하지 않은 호감을 표현하고, 그러다 거절도 당하고, 그래서 아픈 마음을 맞닥뜨리고. 하지만 후회 없는 것. 그래서 한 켠으로 후련한 것. 내가 잘못되었다고 머리를 쥐어뜯지 않는 것, 괜히 표현했다며 한 번도 자책하지 않은 것. 그때의 나는 사랑 앞에 최선을 다했다고 당연히 생각 드는 것. 그래서 내 마음을 받아주지 않은 사람을 이해하려 들지 않고, 그냥 내게 나쁜 사람이라며 있는 대로 실망하는 것. 그럼에도 불구하고- 이 모든 걸 끌어안은 내 모습이 거울 앞에서 참 예뻐 보이는 것. 이게 내가 이해한 사랑이라는 감정의 흐름이에요. 어디서 느낌표가 왔는지, 당신이 좀 맞혀 볼래요? 힌트를 주자면, 당신과 내가 동시에 정말 못했던 부분. 찾아봐요.

정답은, 두구두구, 이 문장입니다.
'그냥- 내게 나쁜 사람이다, 하고는 있는 대로 실망하는 것. 그럼에도 불구하고- 이 모든 걸 끌어안은 내 모습이 거울 앞에서 참 예뻐 보이는 것.'

맞았어요? 틀렸어요? 뭐 다른 곳에 밑줄을 그어도 괜찮아요. 내 사랑은 이렇다고 내가 내 단어로 이해한 거지, 당신의 사랑은 또 다를 테니. 우리 정신승리 못 하고, 내 앞에 있는 사람이 참 좋고 멋진 사람인데 왜 사랑에 빠지지 못할까, 머리를 쥐어뜯으며 자책했잖아요. 그래서 결국 사랑을 하지 못하는 원인을 스스로에게서 찾고. 그런 자신이 별로라서, 너무 보잘 것 없어서 사랑할 자격을 박탈시키고. 그러면서도 갑자기 하늘에서 툭 떨어질 대단하고 고매한 사랑이라는 걸 꿈꾸는. 그게 우리가 그간 생각했던 사랑이라는 거였잖아요.
나는 말이죠. 주관적으로, 나만을 위해 존재하는

게 사랑이라고 결론내렸어요. 다른 사람을 이해하는 태도 없이, 그냥. 그냥 주저하지 않고 확실하지 않은 감정일지라도, 가벼워 내보이기 부끄러운 작은 마음일지라도 일단 표현하는 것. 그래서 그 작은 마음을 눈사람 만들듯 조금씩 함께 붙여나가달라 내 앞 사람에게 부탁해보는 것.

사랑은 처음부터 거대하고 멋진 눈사람이 아니라, 누군가와 함께 만들어나가는 과정에서 점차 커지고 대단해지는 눈뭉치를 아름답다 느끼는 것이었어요. 그 모든 시간이, 작건 크건 사랑이더라고요.

그랬더니, 나는 작은 마음이나마 사랑의 시작이 될 수 있는 조각들을 누군가에게 건넬 수 있게 됐어요. 그리고 만약 상대방이 다른 눈사람에게 흥미가 있어, 내 눈뭉치에 관심을 가지지 않는다면 가차없이 그 눈덩이를 상대방에게 휙 던져버리는 고약한 취미를 갖게 됐고요. 마음 파괴! 하는 것 마냥 말예요. 그렇게 작은 마음이 깨부셔지고 나면 나는 좀 슬퍼져요. 아프고요. 하지만, 상쾌해요. 산뜻하고요. 손을 탈탈 털면서 나를 보죠. 이런 작은 덩어리를 소중히 여겼던 내가 참 예쁘고 애틋해요. 그래서 나는 심지어 뿌듯하기까지도 해요, 약간이지만. 나를 위해 내가 부끄럽고 창피한 순간을 견뎌낸 거잖아요. 나 참 잘했어, 하고 칭찬도 해 줘요.

함께 공을 굴려갈 누군가를 찾는 일을 주위에서는 청춘이라고 부르더군요. 그 청춘의 시간이 꽤나 고달프고 창피함으로 가득할지언정, 이젠 지치지는 않아요. 포기하고 싶지도 않고요. 나는 여전히 예쁘고 사랑받아 마땅한 존재거든요. 사랑할 줄 아는 성숙한 여성이기도 하고요. 매력적인 여자, 그거 나예요. 내가 나라서 가득한 매력, 알아볼 줄 아는 대단한 눈썰미를 가진 남성을 만난다면 그 사람도 복받은 거예요. 이렇게 사랑을 깊이 통찰해본 여자가 소중히 대해줄 사랑이라니, 얼마나 좋겠어요? 호호.

얼마 전까지만 해도 걱정했어요. 당신을 다시 만나

면 혹여나 내가 속절없이 다시 끌릴까봐요. 이제 전혀 아닐거라고 나 확신이 들어요. 그리고 사랑도 알게 된 겸, 당신이 생각났음에도 불구하고 마음에 구름 한 점 없이 깨끗한 겸 남은 애정을 털어 봤어요. 당신은 헤어진 여자친구거나, 모종의 관련이 있던 여자라도 괜찮은 인간이라면 곁에 친구라도 남고 싶다고 했잖아요. 성숙한 사랑을 할 줄 아는 매력적인 여자는, 그러니까 나는, 미안하지만 다음에 올 사랑을 위해 그건 못하겠으니 이렇게 글로 안부를 묻네요. 나는 당신의 약속과 시간에는 함께하지 못할 거예요, 앞으로도 계속. 하지만 마음 가득히 사랑을 보냅니다. 건강하고요, 늘 행복할 수 없어도 가끔은- 행복한 시간 곁에 숨 쉬는 나날들 되기를 바라요. 그럼, 정말 잘 지내요.

사랑 탐구 졸업자가.

신부에게, 신부 친구가

결아, 결혼 축하해.

이 말도 안 되는 주어와 술어가 꼭 짜임이 맞는 날이 오는구나. 사실 네가 결혼한다는 말을 1년 전부터 선포하듯 했는데 난 단 한 번도 네게 편지 같은 건 써볼 생각이 없었어. 방금까지 말이야. 힌트를 좀 줄게. 넌 뭐든 맞히는 걸 좋아하니까. 짱구 같으니라고. 지금은 2023년 11월 21일 화요일 밤 9시 47분이다. 이제 기억나? 너 나랑 뭐 했는지?

당연히 기억 안 나겠지. 넌 늘 그러니까. 발끈하지 말자. 우리 너무 평상시 같은 날이라 기억이 안 날 거라는 뜻이야. 그날이잖아- 네가 오후 6시 7분에 저녁을 사려는 내게 전화를 건 날. 그리고 최고로 행복한 사람의 말투로 내게 방방 소리친 날.

"나, 예비 1번이었던 거 집 됐다! 나 됐어! 난 되는 사람인가 봐! 오늘 맛있는 거 먹을까?! 너 저녁 먹었어?"

웃기지. 나는 네게 침착하라 얘기하고, 너를 타일렀어. 내일은 네 드레스 가봉이 있는 날이고, 신랑이 너 혼자 먼저 축하한 걸 알면 속상하거나 화가 날지도 모른다고. 그랬더니 넌 자신이 선택한 사람은 그럴 리가 없다며 자신 있게 웃더라. 그리고는 집에서 시장 음식을 포장해 와 먹자고 했지.

언제 네게 편지를 써야겠다 다짐했냐면, 그때. 나는 문득 네가 전화로 부탁한 굴 무침을 시키고 메뉴판을 가만히 쳐다보다 네가 좋아하는 두부김치를 선물로 사야겠다- 마음먹고, 열심히 네 집에 걸어간 뒤. 그리고는 네게 선물이라며 아빠 마냥 검은 비닐봉지를 내밀었지. 고소한 냄새 가득한 두부김치를 보며 너는 말했어.

"잘됐다! 나는 일품이라서 냉장고에 일품 진로 사 났다. 그거랑 같이 먹자. 너는 맥주랑 같이 먹어?"

그때. 그 순간에 다짐했어. 네게 편지를 쓰겠다고. 당연하게 서로가 뭘 좋아하는지 알고- 기뻐할 걸 찾아서 각자의 최선을 다해 투박하게 어떤 물건을 교환하듯 내미는 그 순간. 깨달은 거야. 아- 내가 네게 어떤 마음을 표한 적이 있었나, 하고. 그리고 결혼이란 건 으레 그렇듯 아주 중요한 순간이니까. 내가 낯간지럽게 문장 몇 개 더한다고 네가 갑자기 놀라지 않을 것 같더라고. 엉겁결에 들어온 문장 몇 개 네 마음에 깊이 남지는 않을 것 같아서. 너 나 알잖아. 관심받는 거 이상하리만치 싫어하는 또라이란 거. 모두에게 그렇더라. 난 내 마음이 깊고, 다양하게 다정해도 상대방은 그걸 모르길 바라. 특히 우리 같은 지방 사람들에게는 더욱이. 표현이 참 투박하잖아, 서로. 굳이 말 안 해도 알지 않나 싶었던 거지. 근데, 서울 남자 만났으니 너도 좀 낯간지러워졌을 거라 믿어. 실제로 요새 표현도 좀 늘었지, 너?

방금만 해도 그랬잖아.

"네가 오늘, 날 축하하러 와 줘서 그것만으로도 기쁘다."라고.

나 얼마나 놀랐는 줄 알아? 로봇이- 인간 로봇이- 저런 말을 서슴없이 한다고? 결혼은 참 대단해, 사랑은 더 대단하고. 그 대단한 걸 넌 지금 눈앞에 두고 있더라. 난 그 대단한 걸 옆에서 함께 보고 있고. 영광이다, 야.

결아, 사랑하는 사람을 만나 다행이다. 그리고 네가 그 사랑을 소중히 대할 줄 아는 사람이라 다행이야. 일하다 만난 우리 사이도 네가 덧붙인 거잖아, 사실. 처음엔 분명 필요로 의한 취미에서 비롯된 사이였지만 말야. 네가 날 어쨌건 사생활의 시간에 불러냈고, 난 그걸 거절할 줄 모르는 스물 세 살의 아기였고. (좀 봐주라. 지금 생각해보면 아기 맞잖아, 너도 그때는 어렸고.) 그렇게 한 직장에서 잠시 스쳐갈 줄로만 알았던 인연이 그새 세 보니 7년이다. 많이도 흘렀네. 넌 그새 내 온갖 꼬락서니를 다

봤지. 내 전 남친부터, 술 취해 토를 하던 그 순간까지. 나도 네 모든 걸 봤다고 자부하는데, 이상하게 기억하려니 하나도 모르겠다. 내가 본 네가 그동안 네가 맞나 싶기도 해. 네가 남편과 함께 있을 때 보여주는 새로운 모습들은 내가 모두 처음 보는 사람이니까. 뭐랄까, 훨씬 사회화된 로봇이랄까? 사랑을 대범하게 말로 표현할 줄 아는 사람이 된 네 모습은 내가 여전히 적응하기 어렵기도 해. 그렇지만 좋아 보여. 그건 확실해. 사랑을 어색하게나마 삐걱삐걱 표현하는 네가 남편은 얼마나 예뻐 보일까.

이상하게 눈물이 다 나. 술 취했나 봐. 네가 일품이라며 함께 먹은 일품 진로가 이렇게 도수가 셌었나?

우리 일주일에 두 세 번씩 신나게 술 먹을 때에는 단 한 번도 찌푸리며 술 먹은 적 없었지. 난 그게 신기해. 사람들이 쉽게 싸운다는 술자리인데- 죽어라 서로 싫다고 토론하면서도 실제로 서로가 싫어 미칠 뻔한 적은 단 한 번도 없었다는 게, 우리다운 건가 싶기도 하고. 네가 결혼한다고 그런 널 잃는다는 생각은 없어. 난 네가 말한 대로 남들이 보기보다 훨씬 냉정하잖아. 우리 원래 각자였잖아. 서로 하나였던 적 없잖아.

여전해. 넌 결혼하던 말던, 결이고 난 나야. 너는 너대로 나는 나대로 누군가 조금 다른 형태로 살아갈 거야. 근데 이 눈물은 어디서 나오는 걸까. 내 주중 술친구 뺏겨서 서운한 거 아니고, 원래 있던 자리에 놓아주어 다행인 눈물인가보다. 안도의 눈물. 혼자서도 행복하지만, 누군가와 함께 있을 때 다채롭게 행복할 네 자리. 그건 네 남편 옆이야. 스스로 그 자리를 알고 있는 너와 내가 대견하다. 우리 박수 한 번 쳐 주자. 결혼식 준비에 다이어트 하느라 점차 없어지는 술자리가 서운하지 않냐고 누군가 묻더라. 동료였으나, 너와 나의 사이를 잘 알던 어떤 누군가였던 것 같아. 남자친구 뺏기는 기분 아니냐고 하던데- 전혀. 진짜 아니었어. 우린 그런 거야. 오늘 슬픈 일이 있었고, 이틀 전에는 미친 듯이 기쁜 일이 있었고, 그래서 술이 필요했고. 함께 1을 이

야기하면 10 정도 이해할 직장 동료도 필요했고. 그
래서 꽤 자주 만났던 거지.

　나는, 오늘 좀 뿌듯했어 걸아. 네가 나에게 그토
록 기다리던 집이 당첨되었다고 연락했을 때, 나 사
실은 상상 속에서 널 좀 질투할 줄 알았거든. 막상
네가 진짜 되었다고 소식 들으니- 한 톨의 미움이나
배 아픔 없이 그저 기쁘더라. 마음이 놓이더라. 잘
됐다 싶더라고. 진심으로 축하한단 소리가 나오더
라. 그런 내가 난 또 기특했고.

　너, 나한테 이용당했어. 네 결혼으로 나는 꽤 성숙
하고 있어. 진심으로 누군가를 축하하는 마음이라
는 걸 배우고 있거든. 나도 내가 이럴 줄은 몰랐고.
너 하나도 안 질투나. 부러워. 부러운 거랑 질투는
다른 거잖아. 네가 서로 아웅다웅 다투고 미친 듯
사랑할 누군가를 만나 부러워. 그게 배알이 꼴리지
않아. 전혀. 네가 어떤 아파트를 나중에 사건, 어디
에 또 당첨되건, 나는 너를 진심으로 축하해줄 수
있을 것 같다는 확신이 오늘 들었어. 그래서 눈물이

났나? 순수하게 누군가를 축하해줄 수 있다는 마음을 졸업해서. 그런 마음을 갖게 해 준 네게 고마워서.

우리 서로 진저리치는 사실 알아? 사람들이 우리에게 묻는 거 있잖아.

"이렇게 서로 오래 친할 줄 알았어요? 이렇게 서로 자주 만날 줄 알았어요?" 하는 거. 둘 다 인상 있는 대로 찌푸리고는 아니라고 답하지. 그건 아직도 그래. 나는 내일도 너랑 자주 만날 지는 모르겠어. 근데, 그렇게 시간이 쌓이더라. 어제 힘들었고, 오늘 기쁘면 난 아직까지는 너에게 연락하고 싶더라. 윤정포차에서 보자고 말야. 술 좀 먹어달라고. 얘 미친 거 아니냐고 내 말 좀 들어달라고. 우리라는 말은 거창하고 나는- 일단 나는. 오늘은 그래. 내일 만약 누군가에게 터놓을 황당무계한 일이 생기면 어제 너와 일품진로를 까먹었어도- 네가 드레스 가봉을 하고 아파트 계약을 해서 피곤한 채라도 네게 무턱대고 연락은 해 볼 거야. 안 나와도 되니까, 그냥 연락이라도. 그런 시도라도 할 사람이 아직은 너야. 음- 결혼을 하면 내일모레쯤은 모르겠다. 그건 상황 되서 그 때 답하면 안 될까? 난 냉정한 사람이니까.

아, 하나 더 있어. 단골 질문. 이것도 답해볼래?
"그렇게 자주 오래 만나도, 서로 할 말이 많아요?"
네, 많아요. 하고 답한 적 우리 단 한 번도 없지. 오히려 "집단적 독백인걸요?" 라고 웃어넘겼지. 사실이거든. 서로가 자기 할 말만 일방적으로 해 대고, 진심으로 공감할 생각 따위 않고 술잔이나 비었나 확인하는 서로의 뽄새란- 아재 아니냐고. 남 말 들을 줄 모르는. 근데, 나 그런 사람이 필요하더라. 내 말 어쨌거나 앉아서 들어주고, 별 말 없이 술이나 한잔 더 따라주고, 맛있는 음식이나 먹으며 풀라고 2차 메뉴 벌써부터 고민하는 네 존재 말야. 그게 또 너 아니면 누가 그러겠냐.

3년이나 나이 어린 내가, 너를 진심으로 친구로 생

각한다는 게 열받니? 하지만 내게 넌 언니 아니고 진짜 친구였는걸. 눈치 하나 안 보고 먹고 싶은 거 없다고 떽떽거리고, 뭐 그런 말을 다 하냐고 네 진짜 정체 사람들이 아니냐며 경멸하고, 그런 날 보면서 너도 덩달아 네가 더 심하다며 삿대질하고.

 그럼에도 불구하고 넌 가끔 내게 언니일 때가 있었어. 어우 야 나 또 눈물 핑 돈다. 나이가 들었나. 내 말같잖은 모든 꼬라지를 견뎌 주던 지난 몇 년 간- 넌 내게 언니이자 의사였다. 친구이기도 하고, 물론. 죽고싶다며 어느 날 술에 취해 고래고래 소리를 질러대던 네 방 자취방, 정신이 반쯤 나가 무슨 말을 하는지도 모르던 우울증 진단 받기 며칠 전, 우울증과 불안장애 진단을 받고 어쩔 줄 몰라 밥맛이 똑 떨어졌을 때 밥이나 먹자고 먼저 연락 왔던 몇 달 전, 그리고 그 모든 걸 겪고 글로 풀어내기 시작한 최근까지. 네가 내 곁에 없었던 적이 하루도 없었다. 내 개같은 망상들도 진지하게 글로 써봤자 돈 안 된다며 까내리고, 네가 지금 죽으면 너무 아깝다며 혀를 끌끌 차 줬고, 병원에 왜 진작 안 갔냐며 너 진짜 이상한 애라며 신랄하게 욕도 했잖아.

나도 내가 견딜 수 없어서 환장할 때, 너는 이상하리만치 내 곁에서 끝까지 너 정신 차리라고 욕을 하더라. 나도 날 포기했는데- 네가 뭐라고 날 안 포기해. 바보야. 그러니까 이런 감정 기복 심한 애가 네 옆에 붙어있는 거 아냐. 다 네 탓이야.

그, 다 네 덕이라고 말하기 어려워서 이렇게 쏘아붙이는 거야. 네 덕분에 살아있다. 심지어 잘. 온전히. 네가 날 처음 봤을 때 보다 훨씬 더 멀쩡히.

네 행복을 바라는 이유는, 그러니까 나 때문이야. 날 살게 했으니까 네가 행복해야지. 그래야 내가 또 온전히 살아있는 것에서 한 발짝 더 나아갈 용기를 얻지. 너 또 이용당했어, 내 옆에 있으면 계속 이용만 당할걸?
그래도- 그래도 괜찮다면, 축하해주려고 해. 너를.

네 모든 행복은 네가 뿌린 모든 마음에서 비롯된 걸 거야. 갑자기 신이 똑 떨어지게 주는 선물 같은 거 아니고, 네가 늘 남에게 당연한 듯 주는 말도 안 되는 관심 같은 것들. 거기 랜덤 박스로 집 당첨도 숨어 있고 한 거지. 캐시백 같은 거라 생각해.

진심으로 네 내일을 응원한다, 결아.
매일 행복할 수는 없다는 거 알잖아, 우리.
결혼이라는 게 드라마에서 나오는 일처럼 하루 만에 휘리릭 끝나는 이벤트가 아니라는 것도 알고. 삶에 들어오는 새로운 사랑을 당연한 태도로, 하지만 소중히 품는 너라면 2023년 12월 10일의 결이도 행복한 순간을 맞이할 거라 믿어. 2024년의 결이도, 2025년의 결이도. 네 덕분에 내가 결혼이라는 걸 해보고 싶어졌다, 언제는 죽기만을 바랐던 사람에게 미래를 꿈꾸게 하다니- 책임져라. 나랑은 좀 더 멀어져서 보란 듯이 남편과 함께하는 네 미래로 말야. 내가 진짜 기쁜 순간은, 나와 네가 남편 몰래 만나 술 마시는 시간이 아니라 남편과 네가 신혼집에서 서로 힘든 하루였다고 토닥여 주는 그 순간일 거야.

처음이자 마지막으로 써 준다. 귀한 단어니 새겨
듣고 마음껏 오글거려해라.

언니, 결혼 축하해. 잘 살아.
우리 각자 잘 살자. 언니도- 나도.

*p.s. 너 드레스 입은 거 보고 나 깔깔 웃으면 어쩌
지? 이미 내가 웃고 지나갔을지도 몰라.*

우울 안에 살고 있는, 너에게

예진아. 나는 또 밤에 잠이 안 오기 시작했다. 내일 일어나야 하는 이유가 아무리 고민해도 없거든. 그럼 난 너를 생각해. 널 떠올려서 힘을 내겠다는 건 아니야. 이런 캄캄하고 막막한, 끝날 것 같지 않은 시간을 너도 거기서 견디고 있지는 않은가 걱정해. 이만큼 고통스럽게 무감각해지는 피곤을 넌 몰랐으면 하는데. 이런 예감은 꼭 틀리질 않더라고. 2023년 11월 30일 목요일 새벽 1시에 넌 뭘 하고 있니?

난 네가 내년 봄부터 갈 인도네시아에서라도 마음 편히 잘 자기를- 지금부터 상상하고 기뻐하고 있어. 알잖아. 내 사랑은 크고 대단한데, 날 위할 줄은 모르는 거. 그러니 오늘의 내 사랑의 몫은 네 걸로 하자. 네가 내 다정한 우물을 길어다 가는거야. 내 마음속에서. 내일치 신선한 사랑을 위해. 오늘치 마음을 누군가에게 쏟지 못했거든. 그럴 때 난 널 자주 떠올리곤 해.

그리고 며칠이 지났다. 넌 나와 연락을 했지. 누가 보고 싶을 시간도 없는 자신이 싫다고. 내가 왜 이렇게 피곤하게 살아야 하는지 모르겠다고. 그래서 내가 답했어. 넌 그런 마음 쏟지 않아도 된다고. 네 시간이 생긴다면 넌 네 몸을 챙기라고. 보고 싶어 하는 애정은 내가 네 대신 두 배로 더 할 거라고. 그랬더니 넌 웃더라. 그제야 픽 웃으며 네가 왜 피곤한지 일상을 알려주었어. 친척 오빠 결혼식에 가는 길이라며. 우리 대화는 이렇지. 남들과 달라.

잘 지내니? 하는 안부 인사 대신 뜬금없이 네가 보고 싶다며 내가 마음을 전해. 그러면 너는 어떤 마음인지 솔직한 네 상태를 내게 알려주고. 나는 그

럼 그런 네 모든 상황을 사랑한다고 답하지. 내 웃
긴 장난 같은 고백에 넌 자신의 하루가 어땠고, 무
언가 자신을 할퀴었는지 삶을 토해내. 남들은 거꾸
로던데.

　안녕하십니까- 안녕하셨나요- 하는 안부 문사가
일 번, 요새 어떻게 지낸다는 일상 나눔이 이 번, 그
리고서 말이 통하는 상대라면 감정이나 마음이 어
땠는지 삼 번으로 말하곤 하더라고. 난 툭 마음부
터 뱉고 보는 우리의 우정이 참 좋아. 소중해. 어떤
이유 없이 감정만 남아있는 나를 네가 언제든지 묻
지 않고 그대로 안아주어서.

　네가 곧 나와 다른 길을 간다는 소식을 며칠 전
에 들었어. 다행히 이번에는 가기 전에 알려주더라.
몇 년 전부터 내가 제발 사고를 치려거든 먼저 알려
라도 달라는 애원이 통했나봐. 고마워, 네 삶에 잔
소리할 기회를 줘서. 넌 내가 발끝만큼이라도 널 따
라갈라 치면 이렇게 늘 대단한 일을 벌이곤 하더라.
잘 지내던 경기도 직장을 그만두고 시험을 냅다 쳐

서 제주도에서 평생 살 거라더니, 이번에는 그 일마저 때려치고 외국에서 새로이 네 삶의 터전을 잡아보려고 한다니. 역시 난 네게 멀었단 생각이 든다.

너처럼 제 삶을 용기내어 바라는 세상으로 박차고 나가는 사람이 내 곁에 있다니, 내가 가진 행운이 있다면 그건 널 만난 걸 거야. 우리 같이 인도네시아 갔을 때 난 다시 한번 느꼈지 뭐니. 네가 내 인생의 빛이구나. 선물이구나. 그리고 생이구나.

앗, 이렇게까지 말하니까 네 마음이 좀 무거울 것 같다. 그냥 좀 더 가볍게 말해볼게. 넌 또 나보고 고슴도치 엄마라며 제 새끼 예쁜 것 마냥 말하는데- 어떡해. 난 네가 예뻐 보이는 걸. 날 살게 하는 사람이 있고, 날 더 좋은 사람으로 살고 싶게 하는 사람이 있다면 넌 후자야.

예진아, 난 한 번도 너에게 제대로 옆에서 걷고 있다고 생각한 적이 없다. 이건 사실 내 열등감에서 비롯된 비밀인데- 너 한국 떠난다니까 내가 큰맘 먹고 알려주는거야. 넌- 내게 늘 한 발짝 앞서 있는 대단한 사람이었거든. 용감하고 씩씩하고, 대담하여 대책 없는 네 명랑한 삶에 난 널 대단히 사랑하게 됐어. 부끄러워지더라- 내가. 난 같은 나이에 뭘 하고 있나, 네 옆에 있어도 되는 사람이 맞나 자꾸만 날 되돌아보게 되더라고.

그래서
넌 나를 잘 살게 해.
더 나은 사람으로 만들어.

날 세상 안으로 밀어 넣는 네 힘은 어디서 나왔을까- 그건 내 사랑 아닐까. 사실 네가 하는 일이라곤 하나도 없어. 그저 난 네 옆을 졸졸 쫓아다니며 날 놓지 말아달라 간청하는 거야. 금은보화도 통하지 않는 네게 나는 내 성장을 들이밀지. 그렇게 자꾸 혼자 생각해선 못할 귀찮은 일을 벌이곤 해. 내 손을 놓지 말아달라고.

예진아, 그럼에도 불구하고 우리는 같은 선상에 있기도 했지. 다른 이유로 우울과 불안, 그 외의 부서질 듯한 청춘의 어두움을 각자 겪어냈어. 서로의 동굴 안이 어떤지 짐작조차 못 하면서도- 나는 그 안에 들어갔어도 네 촛불이 살랑살랑 보일라치면 그래도 너니까- 너라서 잠시 두 눈이나마 세상에 붙여보았는데.

너의 동굴 안은 어떻니? 네 동굴 안에서 내가 도움이 되지 못해 슬프다. 넌 내게 이만큼이나 소중하고 도움이 되는 친구였는데- 난 네게 해줄 수 있는 게 이깟 말 몇 마디밖에 없어서 속상하고.

네 동굴을 억지로 깨부수지 않을게. 너 거기 조심히 안전히 잘 숨어 있어. 내가 지금처럼 네 동굴 앞에서 서성여볼게. 아직 살아있음에- 연락함에 안도하면서, 무턱대고 내가 이렇게 비행 티켓을 끊을게. 네 없는 힘으로 나를 만나주어 고마울 뿐이야.

우리 곧 만난다. 난 너와 함께할 시간으로 오늘을

또 버텨냈어. 미래를 기약하는 건 참 좋아. 행복할 순간이 정해져 있는 것만 같아서. 나도 행복할 수 있을 거야, 하는 다짐 같아. 너와 함께- 네 남은 한국 생활이 즐거울 수 있도록 내가 최선을 다할게. 마음을 다할게. 네 동굴을 꼭 끌어안아 줄게. 굳이 나올 필요 없이 손만 흔들어줘. 그런 네 모습조차 내겐 소중하고 기특하니까.

사랑해- 네 연약한 마음까지도.
그러니 우리 이번 주에 즐겁게 놀자.
마음 편안히. 평안하게.
서로 불평을 막 늘어놓자. 세상에.
왜 이런 삶이냐며 팍팍해 죽겠다고
머리를 같이 쥐어뜯어 보자.
아름다운 제주도에서 아무것도 하지 말고
그저 늘어져 있어보자.

곧 봐!

우울증 한시 졸업자가 상담 선생님께

선생님, 저예요. 20회차 상담 졸업자.

매주 목요일 오후 5시에 선생님과 했던 약속이 사라지고, 그럼에도 불구하고 저는 잘 살고 있답니다. 제가 마지막 상담일에 그랬었죠?

"함께 있는 시간이 자주, 오래될수록 제 상태가 안좋다는 걸 뜻해서 서글퍼요. 선생님과 정이 쌓인다는 게 저의 불건강함을 나타내는 지표가 되어서요. 전 선생님이 좋은데, 헤어져야만 건강한 개인이 되는 관계인 것도 그렇고요. 이 관계가, 참 슬퍼요."

그랬더니 선생님께서 그러셨잖아요.

"저는 그렇게 생각 안 해요. 물론 상담사 윤리나, 상담 관련 논문들에서는 상담 후 상담자와 적절한 거리를 두라고 하지만- 그렇지만 저는 계속 연락하는 것조차 하나의 치료 과정이라고 보거든요. 그리고 인간적으로도 딱 끊고 싶지 않고요. 무슨 일이 있거나 없을 때, 마음이 이상할 때, 기쁠 때 제가 생각난다면 편히 연락할 수 있다고 생각해 주었으면 좋겠어요."

맞아요. 저는 선생님을 또 어떤 한 역할로 한정해 몽땅 기계처럼 칸에 오차 없이 넣으려는 오류를 범했어요. 선생님은 역할과 역할 사이에는 감정이라는 게 있는 우리는 그래서 인간임을, 그래서 소중한 존재임을 다시금 알려주셨고요. 그 말을 듣고 저는 다짐했습니다. 선생님과 만나지는 않지만, 선생님과 만났던 매주 목요일 오후 5시를- 저를 위한 마음 도닥거림 시간으로 정해야겠다고요. 그리고 다시 한번 느꼈어요. 이게 상담의 완성이구나. 하고요. 나는 완성형 상담자가 되었다는 뿌듯함이 밀려왔어요. 그러니 졸업자라는 말을 붙여도 되겠지요?

마음을 터놓게 되기까지,
스스로 많은 난관이 있었습니다.
선생님을 처음에는 믿지 못했거든요. 상담에 대해
열린 마음을 가졌다고 한들 저도 모르게 쌓아놓은
방어기제란 얼마나 치우기 무겁고 보이지 않는 방
패막인지, 어디부터 뚫어야 할 지 감도 안 잡힌채 그
저 아픔만을 호소했어요. 당장 이 아픔을 해치워주
지 않는 의사는 무조건 돌팔이야! 외치는 제 모습
은 지금 생각해보니 말 안 통하는 환자였겠네요. 고
집만 센.

그런 제게, 결국 네 아픔을 마주하고 그대로 받아
들이는 방법을 알려주신 선생님께 진심으로 감사드
립니다. 저는 그 무엇보다도- 제 곁에, 엉망진창이
고- 작위적이고- 연극적이기도 할 때가 있고- 어느
날은 한껏 소심하고- 또 시끄러운 사람 곁에서 그저
저보다 더 아파하며 옆에서 꼬옥 안아주신 그 순간

들이 모두 기억에 남아요.

　나보다 나를 아파하며 옆에 끊임없이 괜찮냐고 물어봐 준 사람, 제게는 선생님이 처음이었으니까요.

　스스로 하지 못했던 보살핌을, 선생님은 어떤 관련도 없는 사람일 뿐인데 진심으로 해주셨어요. 저는 선생님의 눈을 통해 가끔 저를 바라보게 됐어요. 안쓰럽더라고요. 가엾고. 스스로가 아깝다는 기분이 들자, 그제서야 힘을 낼 용기가 났어요. 물론 그 용기도 매번 미끄러지고 울 줄도 몰라 얼어붙어 있었지만요.

　감정을 알게 됐습니다.

　저는 그간 제가 얼마나 아프고, 즐겁고, 화가 나는지조차 판단에 맡겨 버렸던 사람이었어요. 지금도 효과는 아주 확실해요. 눈물이 핑 도니까요. 뭐야, 선생님 보고 싶네. 훌쩍. 하면서 말예요. 사람이라면 당연히 이성보다 먼저 찾아온 감정을 저는 그간 통제하기 바빴어요. 그러다 결국 오갈 데 없던,

분출되지 못한 감정들은 마음의 괴물을 만들어냈고요. 스스로 갉아먹었습니다. 이성에 잠식당한 감정 괴물은- 선생님을 만나 하나하나 녹아내려갔어요. 아빠에 대한 원망, 엄마를 향한 칭얼거림, 나를 향한 분노 모두 선생님의 마음 가득한 상담 덕분에 그대로 꼬옥 껴안게 됐습니다. 모든 걸 눈앞에 두고 마주하니 그렇게 삶이 산뜻해지더라고요. 그랬더니, 저는 저를 사랑하는 방법을 자연스레 알게 됐고요.

제가 알게 된 방법이란- 스스로 불쾌한 감정을 금방 알아채고, 그곳에 자신을 놓지 않기로 결정하는 것입니다. 저는 저를 포기하지 않을 거예요. 저는 저를 사랑하니까요. 아, 선생님도요. 선생님도 사랑해요.

삶을 살게 됐습니다.

삶은 그간 견뎌내는 것이었어요. 죽지 못해 겨우 살아가는 사람은 생기가 없어요. 제가 그렇게 죽음에 도취되어 상담실 문지방을 넘었고요. 결국 살려달라는 구조 신호인 셈이었고, 선생님은 단박에 그

걸 알아차려 주셨잖아요. 죽고 싶은 게 1지망 소원인 사람을 삶의 목표로 가득하게 한 선생님만의 마법이란- 선생님 그 자체가 아닐까 생각합니다. 다른 상담센터, 다른 선생님에게 제가 이만큼 마음을 열고 종알종알 떠들 수 있을까 상상해 보았는데- 아니더라고요. 어느 날은 놀랍도록 건조한 눈빛이, 어느 날은 맑고 따뜻한 눈빛이 모두 어느 날의 저 같을 때가 있었어요. 그래서 더 마음이 갔어요. 나도, 나이가 들면, 저런 사람이 될 수 있을지도 몰라- 하고요.

미래가 없는 사람에게, 선생님은 앞을 보라 말한 적 단 한 번도 없었어요. 오히려 오늘의 그 슬픔을 꼭 끌어안고, 기억하라고 하셨어요. 그저 있는 대로 느끼라고요. 그렇게 슬픔에 나뒹구는 제 곁에, 그냥 선생님이 있을 뿐인데 저는 그런 한 시간에 기대어 또 다음 주를 살았습니다. 오늘 이 시간, 이 감정, 이 순간을 사는 연습이었을까요? 과거를 감정으로 모두 받아들이고, 현재를 살아내니 자연스레 미래가 기다려지기 시작했습니다. 단 한 마디도 제게 물은 적 없었잖아요. 아, 미래에 관련된 말 몇 개 물은 적 있으시죠. 하지만 그것조차 이런 말들이었잖아요. "당신은 어떤 사람이었으면 좋겠어요?"라던가 "당신의 삶에 중요한 게 뭘까요?"같은 것들이요. 남들이 묻는 일년 후 계획, 몇 년 후 버킷리스트 따위 물어보신 적 없었어요. 전 그게 좋더라고요. 계획 말고 감정으로 묻는 미래. 이상향으로 점쳐보는 미래란, 희망적일 수 밖에 없으니까요. 그렇게 희망이라는 단어 하나 없이, 마음 안에 희망이 자랐습니다.

  어른이 됐습니다.
  스스로 선택한 적 없다고 오해한 제 삶은, 결국 사춘기를 지나지 않은 모범생 소녀가 억지로 살아낸 시간이었습니다. 그런 제게 진정한 사춘기를 겪도록 도와주셨어요. 부모님에 대한 불안, 초조, 미움, 답답함은 가족에 대한 불만, 직업에 대한 불만, 존재에 대한 자책으로 이어졌어요. 그런 불만조차 모두 꾹꾹 눌러 담고 살던 소녀는 부모님이 세워놓은

잣대를 스스로 풀어 던지게 되었습니다. 그래서 오히려 깊은 사랑, 믿음, 가족에 대한 유대를 느꼈어요. 제가 선택한 가족과의 관계이고, 힘들 땐 마음껏 찡찡거릴 테니까요.

사랑은 모두 표현하는 것이었어요.
어떤 한 면만 보여주는 게 아니었어요.

막내딸 역할 말고- 제 이름 세글자로 집안에서 상쾌하게 살아가고 있습니다. 온갖 면을 다 보여줘도, 부모님들은 저를 사랑할 거니까요. 건강하게 소통하는 방법은 물론- 아직 배우는 중입니다. 하지만 표현할 줄 아는 어른이라면- 이 정도는 독학해도 되겠지요?

모든 삶이 반짝이는 순간으로 가득합니다. 그런 제 두 눈을 빌어 본 선생님 또한, 행복하셨으면 좋겠습니다. 매일 행복할 수는 없어도 시간마다 소중함을 알고 계신 선생님이라면 무탈히 평안하실 거라 믿습니다. 우리, 또, 만나요. 마음과 마음으로.
그냥, 이유 없이, 보고 싶어서.

p.s. 그래도 상담자와의 약속이 우선이라며 본인 몸
     아프거나 혹사하시고 감기 걸린 채로 껄껄 웃으
     며 돌아다니지 않으셨으면 좋겠어요. 선생님을
     사랑하는 존재들이 이렇게나 많은걸요! 건강!

내가 나여서 예쁜 건, 엄마의 질문 때문이야

　나는 나여서 예쁘다.

　그걸 아는 사람이나, 알고자 노력하는 사람이 좋다. 가족 외에는 내가 나여서 얼마나 예쁜지 알 수 없으니- 나와 연을 맺고자 하는 사람들은 나를 궁금해했으면 좋겠다. 그 외의 다른 접근법들은 내게 플러팅이 되지 못한다. 외모가 자신의 취향이라던가, 성격이 어떻다던가, 직업이 어떻다던가, 취미가 어때서 좋다던가 하는 것들. 내 예쁨의 이유는 내 이름 세글자이고- 그 이유를 찾아 봐주는 사람에게 마음이 활짝 열리는 편. 그 외의 답을 제출한다면, 가차없이 땡 오답입니다! 하고 웃어넘기는 편. 왜 그런가- 생각했더니 이거 유전이다. 이건 엄마와 내가 태국 방콕 유람선을 타며 얻은 나의 깨달음.

  엄마는 늘 세상을 궁금해한다. 신기할 정도로 질문과 감상이 많다. 마치 내겐 동화 속에서 튀어나온 인어공주님 같다. 바다 안에서 살던 공주가 육지를 밟으며 어머, 이 감촉은 뭐지? 하고 신나게 주변 꽃에게 말을 건네는 것 같아 나는 왕자가 되어야 하나 난감하다. 하지만 난 그렇게까지 세상 모든 것에 감읍할 수는 없는걸요. 즉, 엄마가 감탄 및 반짝이는 것들 발견 담당이라면 나는 초치기 담당. 그 옆에 심드렁한 집사 정도. 안경 쭉 올리며 공주님 그건 위험해요- 그건 비싼데요- 하는.

  유람선을 탔다. 해넘이를 보는 크루즈라서 반일 투어를 신청했는데, 통통배보다 조금 큰 배가 우리를 기다리고 있었다. 저녁 먹을 시간이 애매해 배 안에서 포장된 팟타이와 볶음밥을 미리 주문했다. 가이드분께서 가져다주신 밥을 얼른 먹어야겠다, 이 배는 한 시간짜리니 시간이 촉박해- 판단했다. 숟가락을 빠르게 들었고, 배는 출발했다. 점차 붉어지는 하늘 아래 놓인 방콕의 모습을, 엄마는 당연하게도 무척 궁금해했다. 예를 들면

"어머, 저 나무는 어쩜 이런 강물 위에서도 잘 자랄 수 있지? 저것 봐봐. 자연이 경이롭지 않니?"

"이 위에 저 집은 통나무 같은 걸 바닥에 대고 지었나 봐. 집 형태가 참 특이하네?"

"다 쓰러져가는 배다. 난파선인가 봐! 저 주인은 게으른가. 너네 아빠 데려와서 저거 고치라고 하면 될 텐데."

"예쁜 관광지들 사이에 다 쓰러져가는 집들이 있는 게 신기하지 않니? 이 모든 광경이 어우러진다는 게 참 신기해."

나는 점점 화가 차올랐다. 숟가락 들지 않고 대체

뭘 하는 거지. 제발 먹으면서 궁금해하면 안 될까. 우리에게 주어진 시간은 이제 채 40분도 남지 않았다고. 엄마는 배에 타서 무려 20분 동안 음식은 손 하나 안 대고 감상을 뱉기 시작했고- 나는 걱정했다. 이 끼니 제대로 안 먹으면 밤 9시에야 뭘 먹으러 나갈 수 있을 텐데. 왜 뭐가 저렇게 궁금한 거야. 뭘 그렇게 감탄하는 거야. 뭐 저렇게 볼 게 많은 거지? 같은 건물을 보면서도- 오 건물이다, 하는 나와 달리 엄마는 저게 전통 양식인지, 누가 살고 있는지, 언제 지어졌을지 끊임 없는 물음표를 만들어냈다. 엄마, 제발···

"이제 밥 먹자. 엄마. 여기 30분밖에 안 남았어. 엄마 여기서 밥 먹어야지 안 그러면 때 놓쳐."

빠직하고 냉철해진 내 목소리를 듣고 엄마가 합하며 음식을 먹기 시작했다. ···몇 초 지나 후회했다. 저 물음표가 엄마에겐 사랑이었지- 저게 엄마가 삶을 애정하는 방법이었지, 하는 사실이 뒷통수를 쳤기 때문이다. 엄마는 내게도 무한 물음표 덩어리를 던지곤 한다. 어디야, 누구랑 같이 있어, 혼자니, 밥은, 뭘 먹었는데, 어디였어, 어땠어, 기분은 어땠어-하며 맑은 눈으로 나를 꼭 담는다. 사춘기 시절에는 그게 너무 답답해서 그만 물어보라고 화도 냈는데- 이제는 엄마의 표현이라는 걸 안다. 엄마는 나를 사랑하니까. 사랑하는 사람에게 엄마가 하는 애정의 표현은 물음표와 질문, 관심 가지는 태도이기에. 앗차, 엄마의 여행을 내가 방해했다는 생각에 미안해지기 시작했다. 그리하여 엄마에게 다시 말을 붙였다.

"엄마, 저 나무에 뭐 달려있어."
"그러게? 저 위에 있는 건 뭘까? 태국은 참 신기해."
"···새집 아냐?'
"그래애? 근데 저 옆에 건물은···"

여전히 나는 엄마의 모든 물음표에 모두 점을 찍

을 수는 없는 딸이다. 그리하여 감정의 공감 대신- 무뚝뚝한 현실형 대답을 턱턱 내뱉는 사람이 되기도 한다. 하지만, 내가 사랑받는 소중한 사람인 걸 알게 해 준 엄마는 나를 늘 궁금해했고 그런 형태의 사랑 안에서 귀히 컸기에 - 내 사랑의 양식은 타인과 세상에 대한 호기심으로 만들어졌다. 엄마의 사랑을 쑥쑥 잘 먹고 큰 덕분에- 그리고 그 맑은 궁금함이라는 태도가 다른 사람들에게 좋게 보이는지, 가정교육 잘 받은 단정한 기운이 느껴진다고도 곧잘 듣는다.

고맙다. 올바르고 맑은 사랑의 결을 품게 해 준 엄마에게. 온몸으로 알려준, 사랑의 표현방식으로서 궁금함이라는 태도가. 그래서 나는 내가 예쁜 거다. 나는 내가 나임을 알기 위해 던진 무한 물음표를 무던히 견뎌낸 사람이니까. 나를 사랑하는 방법과 내가 예쁜 이유 모두 내가 나이기 때문이라서. 그리고 그런 이유가 아주 마음에 들어서.

늘 내가 궁금하고, 그 맑은 호기심이 나를 예쁘게
만드는 이유라는 것을 잘 아는 사람. 그게 나다.
그래서 오늘의 내가 참 좋다.

아, 물론 엄마의 무한 생성 물음표는
여전히 버겁긴 하다.

프리저보드

꽃병에 시들어가는 프리지아를
미처 버리지 못했던 어제
그리고 새로 맞이한 아름다움

"1000일 동안 썩지 않는다고 하더라고요.
물이 닿으면 안 된대요."
모르는 이에게 무언가 받는 걸 싫어하는 내가
아, 왜 이리 쉽게 덥썩 잡고 미소지었나

오래도록 내게서 변치 않을 호감일까요?
마음을 둥글려 키워도 될 내일일까요?
소중하게 다루어 안아 기억할 오늘일까요?

내가 마침 사랑함을 사랑하여
당신에게 맞닿음을 기꺼워하나

당신의 고유함에 이끌려
내 사랑함을 드디어 품안에서 꺼냈나

하루에 영원까지 한달음하는 나의 우스움과
말도 안 되는 어설픔에 피어나는 너의 따스함이
책상 위 노란 꽃에 모두 기대어 오늘 밤
편안한 잠자리에 들고서

내일은, 뭐해요?
그냥- 그냥 물어봤어요.

세상이 그 사람을 사랑하나보다

자신이 행복한 이유를
온몸으로 담고 있는 사람 품에서는
햇살 냄새가 난다

그 시간에 고개를 기대면
비스듬히 하늘이 보여
어느 한적한 시골 별것 없는 풍경이
참 다정하다고
유달리 구름 한 점 없는 하늘 아래
떡볶이를 나눠 먹고
볶음밥을 두 개 먹을까 고민하는 우리가
잘게 부서지는 서로의 웃음이
마침내 반짝거려서

사랑하면 예뻐진다는데
나는 세상이 예뻐지는 걸 보니
세상이 그 사람을 사랑하나 보다

행복 앞에 멈칫거리는 내 자격지심

이상하게 마음이 까끌거린다. 내가 사랑인가 아닌가 콩닥거리는 마음을 제대로 들여보고 있기에- 놓쳐지는 무언가. "넌 나와 다른 종족이 됐잖아." 하는 눈길. 또다시 따가워, 심장이 얄팍하게도 내달린다. 무언가를 선택함에 앞서 다가오는 두려운 순간. 또다시 약해지는 내가, SAFE ZONE을 넓히기 위해 부딪혀야 하는 나의 방어기제란, 이것이었다.

"나 지금 행복한 기분에 누군가를 무심코 대하다 상처입히지 않을까."

그러니 난 평상시대로 돌아가야 하는 건 아닐까.

방방 뛰는 풍선 같은 마음을 정신없이 내뱉다가 누군가의 슬픈 마음을 세심하게 바라보지 못하는 건 아닐까. 그러니 예처럼 연약하고 슬퍼 우울한 나라의 시민으로 계속, 자리를 지켜야 하는 것만 같아서. 그러다가 알게 됐다.

　이건 바로 내가 가지고 있던 최종 내면 몬스터,
　행복하고 건강한 삶에 대한 자격지심이었음을.

　나도 모르게 긋고 있던 선이라니, 화들짝 놀랐다. 나는 행복한 나라의 행복 시민이 되기를 주저하는 것이다. 그 쪽 나라는 참 따스하더라, 여행 다녀왔는데 참 좋더라. 하지만 내가 거기에 가 있다가는 그간 쌓아왔던- 나를 무수히 도와주던 슬픔의 포옹들을 외면하는 것 같아서, 혹은 위에서 내려다보는 건방진 사람이 되어가는 게 싫어서. 근데 생각해보니 웃긴 거다. 행복한 사람이 왜 깔보듯 안 행복한 사람을 바라볼 거라 단정 짓는 거야? 이 생각은 어디서 나온 걸까. 자꾸만 내달리는 심장에 손을 얹고 가만히 내 밑바닥 구석까지 수색을 나가보자.

찾았다. 여기다. 명확한 피라미드, 행복 등급, 안 행복 등급. 상위와 하위.

나는 행복한 사람과 행복하지 않은 사람을 두고 남몰래 모두를 계급처럼 나눠놨더라고.

상처 입은 사람들이 아픈 채로 따스하게 살아갈 수 있는 세상을 꿈꾼다. 그러려면 상처를 입건 말 건, 입었었건 입을 예정이건 있는 그대로 보았어야 지. 행복할 수 있어, 안 행복할 수도 있고. 행복하다 가 안 행복할 수도 있고, 안 행복하다가 행복해질 수도 있어. 그 모든 사람들은 평등하다. 나는 내 불 행과 우울, 불안을 하나의 마패로 삼아 비웃고 다 녔던 것이다. 해맑게 웃음을 지을 줄 아는 사람들 을. 그러면서 사실은 그 사이에 끼고 싶어 했다. 이 무슨 행복 일진 놀이도 아니고. 그 사람들은 나를 비웃은 적이 없다. 내 불행을 가벼이 여긴 적도 없 을 것이다. 하지만 나 혼자 삼은 기준으로, 그들을

'안 행복' 나라에 입국시키지 않았다.

사랑하고 싶은 사람이 생겼다. 하루 일과가, 마음이, 정신이 이보다 더 건강할 수 없이 평안하다. 그 사람은 내가 나인 것만으로도 꽤나 날 괜찮은 사람이 된 것 같이 느끼게 한다. 그래서 그 손을 잡고 시간을 걸었다. 함께 있지 않은 날도, 나는 함께인 것만 같은 시간을 걷는다. 그러다 알았다. 나, 지금, 이보다 더 행복할 시간을 겪어본 적 없다고.

덜컥 겁이 났다. 내가 행복해도 되는 거야? 대책 없이?

행복을 보류해놓고 일단 마음을 아프게 해놓는다. 그런 나도 참 웃겨서, 나 이제 그만 하려고. 행복 미뤄놓고 두려워하는 것. 망치를 들 힘이 있다. 그거, 그대로 들어본다. 천천히 다가간다. 내가 깨부셔야 할 마지막 관문. 자격지심 몰아내기. 알 수 없는 불안 떨쳐내기. 시작해 보자.

다른 종족 아니고, 그냥 나다.

행복하다고 나랑 다른 결의 사람 아니고, 안 행복하고 우울하다고 나랑 같은 결의 사람도 아니다. 사랑할 준비를 찬찬히 할 때까지 기다려 주는 누군가의 곁에 함께 하고 싶다. 그런 내 평안과 기쁨에서 나오는 또 다른 성숙한 나를 맞이할 것이다. 물론 지금 내가 인생에서 즐거운 시간을 보내고 있어서, 옛날처럼 남들의 슬픔에 깊이 공감을 못 하거나 나도 모르게 내가 혐오하던 부류인 "삶을 사랑하세요, 인생은 즐겁습니다, 나를 사랑하세요!"같은 말을 내뱉을 수도 있다. 내 시선으로 보는 오늘이 참으로 장밋빛이므로. 정확히는 보라빛. 하늘색과 보라색이 한 데 뒤섞인 솜사탕 세상. 하지만 행복하다고 더 레벨업 하는 것도 아니고, 안 행복하다고 덜 레벨업 하는 것도 아니다. 스스로 나누던 급의 경계를 치워버린다. 내가 사랑을 시작해서 바뀔 내가 두렵다. 그렇지만 그렇게 바뀐 내가 줄 새로운 따스함이 있을 것이다. 나는 나를 믿기로 한다.

그러니, 마음 놓고 행복해 보자.

네가 바뀌든, 안 바뀌든,

너는 너대로 괜찮은 사람이니까.

자신의 가치를 우울에서 성장했던 과거에

머무르게 하지 말자.

새로이 바뀌게 되는 자신에게서도 멋진 구석을 찾아보자.

깊은 상처의 경험을 담은 채로 행복한 사람이 뿜어낼- 새로운 다정함을 맞이하자.

다만 잊지 말자. 내가 지금 기쁘고 아름다운 세상이라고 해서, 모두가 똑같이 생각하지 않는다는 것을. 그저 있는 그대로 서로의 세상을 바라봐주기. 기만 따위만 하지 말자.

그거면 돼.

불안을 사랑으로 바꿔준 네게 하는 고백

있잖아, 나 사실 일주일 동안 불안이 심했어. 이번 주 화요일부터. 일어나는 순간 알았어. 아, 또 내 심장이 과부하가 왔구나. 그냥 막연히 사랑해서 투정 부리는, 귀여운 불안해- 말고, "큰일 났다. 나 또 병원 갈 정도로 심각한데?" 자조할 만큼의 불안 말야. 콩닥콩닥 심장이 너무 세차게 뛰어. 24시간. 숨을 가쁘게 쉬다 보면 눈물이 핑 돌기도 해. 진정하려고 아무리 숨을 크게 쉬어도, 가슴을 토닥여봐도 괜찮아지지 않고. 남들은 살이 빠졌다고 하기도 해. 당연하지! 이 시간을 최선을 다해 이 자리에 붙어있는 데, 밥을 어떻게 잘 소화 시키겠어. 입맛도 뚝 떨어지는 거야. 그럴 만큼의 불안. 이런 말을 왜 그동안 안 했냐고 한다면, 네가 속상해 할까 봐서. 그리고 자책할까 봐.

몇 번은 분명 최선을 다해 넌 더 사랑해주면 되겠지, 할 거야. 근데 내 불안이라는 건- 네 사랑이나 마음으로 극복할 수 없는 거거든? 내 불안의 저 아래에는 결국 내가 있어. 나를 불안하게 만들기로 결심한 채찍을 능수능란하게 휘두르는 나. 그러니 이건 내가 상담 선생님과 함께 구출해나가야 할 어떤 아이야. 그러니까, 나는 내 일주일의 나를 최선을 다해 지켜냈지 뭐야.

어버이날을 맞아 부모님 댁 내 방 침대에 드러누워 있는데 글쎄, 나 여기 누워있는 게 너무 힘든 거야. 숨을 쉬는 게 너무 버겁고, 갑자기 눈물이 팍 쏟아질 것 같은 거야. 여기 이 시간, 이 장소, 나로 끈덕지게 하나의 생명으로 일 분을 존재하는 게 막막해서, 난 까무룩 잠이 들어 정신을 놓아버리거나 이불을 걷어차고 찢어버리기도 하고 소리 내서 통곡

하고 싶었어.

하지만 그렇지 않았지. 그냥 버텼어. 내 숨 하나하
나를.

또, 엄마가 연극을 보러 가자 해서 내키지 않는 몸
으로 문화관에 들어갔거든? 앉자마자 망했다 싶더
라고. 이 자리에 가만히 앉아 견딜 한 시간 사십 분이
소름이 돋을 만큼 고통스러워서. 답답해서 뛰쳐나가
고 싶을 만큼. 하지만 그 100분도 결국 버텨냈어.

일어나지도 않을 어떤 최악의 미래, 난 그게 너무
무서웠어.

내 무서움은 불안을 만들어 내 심장에 선물했고,
착실히 받은 내 심장이 열나게 일을 했지 뭐야.

그리고 오늘 널 만났지. 널 만나기 직전까지도 도
망치고 싶었어. 너에게서, 나에게서, 이 모든 상황에
서, 현실에서, 네 사랑에서, 내 사랑에서, 불안에서.

하지만 그러지 않았어.

왜 그렇잖아. 드라마나 책 보면 주인공 남자가 등장하는 순간 신기하리만치 그 사람 앞에서만 사라지는 모든 증상들. 그리하여 여자 주인공이 더욱 남자를 갈구하게 되는 그런 장면. 나에게는 그거 다 해당 없더라. 역시, 맞았어. 내 불안은 상대방이나 사랑에서 시작된 게 아닌거였어. 내 어떤 연약하고 말라 비틀어진, 나에게 학대받은 내 어떤 작은 조각이 쿡쿡 찔렀던 거야. 나를. 이제 이 상처도 좀 치유해 달라고. 그만 힘들고 싶다고.

너랑 24시간도 채 되지 않는 시간을 함께했어. 같이 밥을 먹고, 카페에서 테이크아웃을 하고, 이야기를 나누었어. 이런 불안에 대해서는 한마디도 않고, 나는 '새로운 성격검사를 같이 해 보자.' 같은 말을 떠들었고 너는 웃었지. 내가 예쁘다고 해 주었어. 사랑스러운 존재라고. 너무 소중하다는 듯이 자꾸 머리를 쓰다듬어 주었잖아. 이거 맛있어? 먼저 묻고, 여기 다친 곳 생겼네- 괜찮아? 알아봐 주고. 그렇게 너와 하루를, 지금을 함께하고 너를 보내니 알게 됐어.

어라, 나 더 이상 불안하지 않네.

　이상하지. 너에게서 시작된 불안이 아닌데- 네가 어떠한 치료를 한 걸까. 곰곰이 생각했거든? 내가 찾은 답은 이거야.
　10가지도 넘게 이야기할 수 있는 오늘 내가 행복한 이유, 그리고 내가 그간 불안했던 이유인, 일어나지 않은 불행의 가능성.

　두 개를 저울질했고, 내 안의 내가 이건 너무 심했다- 하고 결론을 내렸던 거야. 당신, 무죄니 불안증세를 이만 가져가도록 하겠소, 하고. 내 불안은 어둑시니 같더라. 두려워하면 두려워할수록 수렁에 빠져들지만 한번 어쩌라고- 몰라 난 지금 좋아, 눈 감으면 살며시 스쳐 지나가는 어둠. 난 오늘에서 단단히 뿌리내린 네 지금의 행복을 보고 감명받은 거야. 지금 이 시간을 온전히 기뻐하는 너. 눈을 가만히 맞추고 쳐다보면서 생각했어. 이 사람은 내게 평생 흙이겠구나. 붕붕 떠올라가는 내 어떤 마음을 지금, 이 시간, 현재 바닥으로 발붙여줄 흙.

나는 내 불안을 껴안고 네게 있는 힘껏 닿았어.
그거, 생각보다 엄청 무섭고 막막한 어둠을 뚫고 나오는 일이다?
대단히 엄청난 거야.
그러니까, 나는, 너를, 무척,
사랑한다는 말을 하려고.
내 불안을 오늘의 행복으로 바꿔준 너를, 사랑해.

닫는 글

무슨 감정이야?

  사랑은 참 버겁다는 생각. 사랑이 이렇게 힘든 거였구나 하는 슬픔. 착잡하고 복잡해. 사랑을 하기 전의 나는 참 내가 보기에 괜찮은 사람이었거든? 근데 사랑을 하면서 땡깡 부리고 나도 모르게 나만 생각하면서 상대방의 힘듦을 알아주지 못하거나 좀 더 날 사랑하니까 견디라고 나도 모르게 생각할 때, 난 그때의 나를 견딜수가 없는거야. 그러면 사랑을 안 했더라면 날 이렇게 미워할 일은 없었을 텐데, 한다? 그런데 후회하지는 않아.

그럼 사랑을 그만두고 싶어 혹시?

  아니. 그만두고 싶다고 그만두고 놓을 수 있다면

그건 내게 사랑이 아니야. 내가 널 사랑한다는 말은 그런 말이야. 그럼에도 불구하고 너와 함께하겠다는 마음.

그렇구나.
사랑은 누구나 이기적인 거야. 나도 네가 보고 싶어서 너 피곤할텐데 생각 않고 여기 와버렸는걸. 나도 이기적이지. 근데 그런 이기적인 마음도 사랑하는 감정이 없으면 생길 수가 없어. 그러니까 그만 주저하고, 네가 하고 싶은 대로 좀 더 해도 돼. 마음껏. 손잡고 싶으면 손잡고 포옹하고 싶으면 포옹하고. 가지 말라고 하고 싶으면 가지 말라고 지금처럼 말해도 돼. 눈치 보지 않고. 사랑하는 사람이니까 다 그래도 이해하거든. 다 이해해. 널 사랑하니까. 그러니까 서로 사랑하는 사이인거잖아. 그치?

　…응. 그럼 나 저기 문 앞까지만 데려다줄래.

그럴래?

지금처럼. 하고 싶은 거 다 해. 다 받아줄게. 너니까. 응. 나니까.

＊

그리고 당신의 사랑

2주간의 기록

2주동안 하루에 한 질문씩,
당신의 사랑을 기록해 보세요.

✽

당신에게 사랑은 무엇인가요?

사랑은 모두 표현하는 것이었어요.
어떤 한 면만 보여주는 게 아니었어요.

✳

당신이 바라는 사랑은 어떤 것인가요?

넌 나를 잘 살게 해.
더 나은 사람으로 만들어.

✽

당신이 특별히 기억하는 사랑의 추억이 있나요?

오래도록 내게서 변치 않을 호감일까요?
마음을 둥글려 키워도 될 내일일까요?
소중하게 다루어 안아 기억할 오늘일까요?

✽

당신은 무얼 사랑하나요, 혹은 무얼 사랑했나요?

그렇게 작은 마음이 깨부셔지고 나면 나는 좀 슬퍼져요. 아프고요.
하지만, 상쾌해요. 산뜻하고요. 손을 탈탈 털면서 나를 보죠.

✻

사랑을 하며 헷갈리는 순간이 있다면?

사랑은 처음부터 거대하고 멋진 눈사람이 아니라,
누군가와 함께 만들어나가는 과정에서 점차 커지고 대단해지는 눈뭉치를
아름답다 느끼는 것이었어요.

✽

내가 기대한 만큼 상대방이 사랑을 주지 않을 때 어떻게 하나요?

널 만나기 직전까지도 도망치고 싶었어. 너에게서, 나에게서,
이 모든 상황에서, 현실에서, 네 사랑에서, 내 사랑에서, 불안에서.
하지만 그러지 않았어.

✳

사랑을 마무리하며 드는 당신의 마음은?

함께 공을 굴려갈 누군가를 찾는 일을 주위에서는 청춘이라고 부르더군요.
그 청춘의 시간이 꽤나 고달프고 창피함으로 가득할지언정,
이젠 지치지는 않아요.

�֍

당신이 말하는 '사랑한다.'에는 어떤 뜻이 담겨있나요?

내가 널 사랑한다는 말은 그런 말이야.
그럼에도 불구하고 너와 함께하겠다는 마음.

✽

오늘 하루, 당신의 시간에 사랑이 담겨있나요?

사랑한다면, 내 시간을 끊임없이 뺏어줘.
내가 보는 세계의 창 앞에 데려다 달라 투정 부려줘.

✱

당신이 사랑을 표현하는 방식은 무엇인가요?
작은 행동이나 말이라도 좋아요.

그 순간, 깨달은 거야.
아, 내가 네게 어떤 마음을 표한 적이 있었나, 하고.

✻

지금 문득 떠오르는, 사랑과 잘 어울리는 그 사람에게 편지를 써 볼까요?

오랜만이에요, 당신. 잘 지냈어요?
오늘 밤 갑자기 당신에게 편지를 써야겠다 생각했어요.

✽

삶에서 사랑이 부족할 때 찾는 나만의 해소법이 있나요?

아- 외로워, 마음이 외롭다.
깊은 사랑 앞에서 산뜻하게 스윙 댄스를 추고 싶은 밤이다.

✽

사랑을 지켜나가는 것에서 중요한 요소는 무엇일까요?

아니. 그만두고 싶다고 그만두고 놓을 수 있다면
그건 내게 사랑이 아니야.
내가 널 사랑한다는 말은 그런 말이야.

사랑하는 사람이 어떨 때 예뻐 보이나요?

사랑을 하면 예뻐진다는데
나는 그 사람이 예뻐지는 걸 보니
세상이 그 사람을 사랑하나 보다

라화랑

불안장애와 우울증을 한시적 졸업 상태로 살아내는 미모의 강원도 출생 9n년생 여성. 상상력이 풍부해 터무니없는 걱정에 휘말리나 그럼에도 삶을 사랑하여 나를 사랑하려고 노력하는 이. 단순하게 사는 게 최고인 걸 알지만 복잡하게 살 수 밖에 없는 제 꼬라지를 견디며 한껏 복잡하게 사는 사람. 상담 센터에서 나와 사랑에 대한 상담을 30회-2년 이상 받은 이 시대의 고민 인형.

꼬깜북 '사랑을 사랑하여 사랑하는' 작가.
브런치스토리 https://brunch.co.kr/@geul-illang
인스타 @hwalang.la

사랑을 무던히도 노력하는, 당신에게 | 라화랑 에세이

지은이 | 라화랑
펴낸곳 | 희락지
편집, 디자인 및 제작 | 정윤정
전자우편 | sanchaek999@gmail.com
ISBN | 979-11-989405-2-0